中国人留学生の
異文化適応と
友人形成

原因帰属を解明し
教育的介入の有効性を考える

小松 翠
Midori Komatsu

明石書店

目　次

序　問題の所在と研究目的 ……………………………………………………… 7

第1部　研究背景と先行研究

第1章　留学生交流の現状と動向
1.1　世界の留学生交流の現状と動向………………………………………… 16
1.2　アメリカ・中国の留学生交流の現状と動向………………………… 22
1.3　日本の留学生交流の現状と動向………………………………………… 27

第2章　異文化接触に関連する諸理論と研究動向
2.1　異文化適応………………………………………………………………… 40
2.2　異文化間交流……………………………………………………………… 42
2.3　原因帰属…………………………………………………………………… 46
2.4　留学生のホスト社会に対する認識と日本・日本人イメージ ……… 48

第3章　友人関係に関連する諸理論と研究動向
3.1　友人関係と適応…………………………………………………………… 55
3.2　留学生の友人関係に関連する問題……………………………………… 57
3.3　留学生の友人関係期待…………………………………………………… 62
3.4　コミュニティ援助に関する諸理論……………………………………… 67
3.5　問題の所在と本研究の目的……………………………………………… 70
3.6　研究課題…………………………………………………………………… 72

第2部　友人関係に関する期待と体験の否定的認識及び関連要因

第4章　中国人留学生の友人形成及び不形成過程はどのようなものか（研究1）
4.1　研究目的…………………………………………………………………… 74
4.2　方法………………………………………………………………………… 74
4.3　結果………………………………………………………………………… 75
4.4　考察………………………………………………………………………… 87
4.5　結語………………………………………………………………………… 88

第5章　中国人留学生の友人関係における期待と体験の否定的認識及び友人関係への不満の関連（研究2）
5.1　研究目的…………………………………………………………………… 89
5.2　方法………………………………………………………………………… 90
5.3　結果………………………………………………………………………… 91
5.4　考察………………………………………………………………………… 99
5.5　結語………………………………………………………………………… 102

第6章　中国人留学生の友人関係に関する体験の否定的認識と友人関係への不満の原因帰属の関連について（研究3）
6.1　研究目的…………………………………………………………………… 105
6.2　方法………………………………………………………………………… 106
6.3　結果………………………………………………………………………… 107
6.4　「友人関係に関する体験の否定的認識」と「友人関係不満の原因帰属」
　　の関連についての考察 ………………………………………………… 111
6.5　結語………………………………………………………………………… 112

第7章　中国人留学生の友人関係不満に関する原因帰属と日本人イメージの関連について（研究4）
7.1　研究目的…………………………………………………………………… 116
7.2　方法………………………………………………………………………… 117
7.3　結果と考察………………………………………………………………… 118
7.4　結語………………………………………………………………………… 121

第3部　友人形成に向けた教育的介入

第8章　教育的介入によって日本人学生と中国人留学生はどのような学びを得たか（研究5）

8.1　問題の所在と研究目的 ……………………………………………… 126
8.2　方法 ……………………………………………………………………… 128
8.3　結果と考察 ……………………………………………………………… 132
8.4　結語 ……………………………………………………………………… 138

第9章　中国人留学生と日本人学生の交流の継続と関連要因について（研究6）

9.1　問題の所在と研究目的 ……………………………………………… 140
9.2　方法 ……………………………………………………………………… 141
9.3　結果と考察 ……………………………………………………………… 141
9.4　結語 ……………………………………………………………………… 146

終　章　総合的考察

10.1　研究結果の概要 ……………………………………………………… 147
10.2　友人形成を阻害する要因 ………………………………………… 152
10.3　友人形成を促進する要因 ………………………………………… 155
10.4　大学に求められる制度的支援 …………………………………… 157
10.5　本研究の意義 ………………………………………………………… 161
10.6　本研究の今後の課題 ………………………………………………… 162

引用文献 ………………………………………………………………………… 164
あとがき ………………………………………………………………………… 179

序　問題の所在と研究目的

　世界の高等教育機関に在籍する留学生数は OECD（Organization for Economic Co-operation and Development）の調査によると 2019年時点で、OECD加盟国と非加盟国を合わせ、およそ 610万人（OECD, 2021）で、1975年の調査では、およそ 80万人であったものが約45年で 6倍に急増している（OECD, 2021）。また、日本の大学等の高等教育機関に在籍する留学生数は 2022年時点で、231,146人である（日本学生支援機構, 2023）。2013年時点ではリーマンショックや東日本大震災の影響（加賀美・小松, 2013）により 135,519人に微減したものの、2019年には 312,214人となり 30万人を超え、2020年以降では新型コロナウイルス感染拡大の影響で再び減少傾向となっているが、1988年には 25,000人程度の留学生しか在籍しておらず、約30年間で約11倍に急増していることから、ここ数十年の間では概ね増加傾向にあるといえよう。こうした留学生の増加に伴い、国内外において留学生と受入れ側のホスト住民との接触や交流に焦点を当てた研究が蓄積されてきている（高井, 1994；中野, 2006；黄, 2013）。まず、留学生の異文化適応に関する研究により、留学生が海外での生活に適応するためにはホスト国の人々との良好な関係が必要であることが示されている（Brislin, 1981；Church, 1982）。特に、留学生の日常的な生活の場である大学キャンパスにおいて接触するホスト国学生の友人の有無は、異文化適応の促進と関わりが深い（田中, 1998；Pavel, 2006；譚・渡邊・今野, 2011；園田, 2011；Menzies & Baron；2014）。

　しかし、実際には留学生とホスト国学生が友人となるには様々な困難が伴い、留学生が友人を得られない場合が多いことが、これまでの留学生研究により示されている（Kang, 1974；Bochner, McLeod & Lin, 1977；Klein, Miller & Alxander, 1981；Church, 1982；Trice & Elliot, 1993；上原, 1998；横田・田中, 1992；石倉・吉岡, 2004；戦, 2007）。留学生とホスト国学生がどのように交流すれば友人形成がなされるのかということについて検討するためには、まず、留学生がホスト国学生と接触する中で、どのような場合に友人形成がされ、逆にどのような場合に不形成になるのか、その過程を検討する必要がある。

また、留学生は思うように友人ができず失望に至ることがこれまでの研究により示唆されている（岩男・荻原，1988；上原，1988；戦，2007；井上，2007；李，2005；柴田，2011）。しかし、留学生の抱く期待が具体的にどのようなもので、実際の体験においてその期待が実現しない場合には、期待と実際の体験にどのようなずれが生じているのか、そのずれに着目し関連を実証的に検討した研究は数少ない。

　さらに、留学生がホスト国の学生との関係において不満を持つ場合、どのように原因を帰属させるのかということについては検討されていない。このことに関連し、原因帰属と葛藤の諸理論の研究では、個人が所属していない外集団の人々の好ましくない行動に関しては外集団の人々の態度や能力などの要因が原因とされやすいことが示されている（Pettigrew，1979）。また、他者の行動に原因を感じる場合、葛藤の解決が困難になることも示唆されている（大渕，1982）。この理論を留学生に応用すると、留学生が友人関係において否定的な認識をした場合、日本人学生など外的要因に原因を帰属させ、友人形成が生じなくなる可能性がある。

　加えて、先述のとおり、留学生にとってホスト国学生の友人を持つことは適応の観点から重要であるが、留学生の友人形成を促進させるためには、教育的介入が有効であることが示されている（加賀美，2001；2006a）。教育的介入とは、一時的に不可避な異文化接触を設定し、組織と個人を刺激し学生の意識の変容を試みる行為（加賀美，2001；2006a）のことである。

　以上のことから、本研究における研究目的を整理する。まず、留学生がどのような友人関係を望んでいるのかという友人関係に関する期待について検討する。また、日本人学生との接触体験において否定的な認識を持つとすれば、それはどのようなものか検討する。その上で、留学生の友人関係に関する期待と体験の否定的認識との関連、及び関連する要因について明らかにする。その際、留学生の友人関係に関する問題を明らかにするのみではなく、その問題の解決策を探ることが重要だと考えるため、友人形成に向けた教育的介入について検討することを目的とする。

本研究の構成

　本研究の各章の構成図は次のページのとおりである。

　本論文は、全10章から構成される。第Ⅰ部は第1章から第3章までの研究背景と先行研究、第Ⅱ部は第4章から第7章までの中国人留学生の友人関係に関する期待と体験の否定的認識及び関連要因についての実証研究、第Ⅲ部は第8章・第9章で友人形成に向けた教育的介入についての実証研究である。また、第10章では総合的考察を行った。以下に各章の内容の詳細を示す。

　第1章では、マクロレベルの問題として、留学生交流の現状と動向について概観する。第1節では、世界の留学生交流の全体像を示し、留学生派遣と受入れの現状と動向について概観する。第2節では、留学生の受入れが世界で最も多いアメリカ、留学生の派遣が世界で最も多い中国に焦点を当て、両国の留学生交流の現状と動向を述べる。最後に、第3節では、日本の留学生交流の現状と動向について概説する。

　第2章ではメゾレベルの問題として、留学生の心理的側面に焦点を当てて、異文化接触に関する諸理論と研究動向を概観する。第1節では、異文化適応に関する諸理論を概観する。第2節では、接触仮説を概観し、その上で、大学キャンパスにおける異文化間交流に関する研究動向を概説する。第3節では、原因帰属に関する諸理論を概観し、その上で、留学生の原因帰属、留学生のホスト社会に対する否定的な認識について概説する。

　第3章では、ミクロレベルの問題として、留学生の友人関係に関する研究動向を概観する。第1節では、友人関係と適応の関連について、第一に、大学生の友人関係と学校適応、第二に、留学生の友人関係と異文化適応に焦点を当てて概説する。第2節では、留学生の友人関係に関連する問題として、言語・コミュニケーション、文化、環境の観点から諸理論と研究動向を概観する。第3節では、留学生の友人関係期待について、友人関係期待の概念、友人関係期待の領域、友人関係期待と属性の関連、異文化間の友人関係期待に焦点を当て、諸理論と研究動向について概観する。その上で、留学生の友人関係への期待と実際の体験のずれについて見ていく。第4節では、留学生の友人関係構築や交流の支援に関わるコミュニティ援助の観点からコミュニティ・アプローチによる留学生支援の諸理論について概観する。その上で、

序　問題の所在と研究目的　　　9

序　問題の所在と研究目的

第1部　＜研究背景と先行研究＞

第1章　留学生交流の現状と動向

第2章　異文化接触に関する諸理論と研究動向

第3章　友人関係に関連する諸理論と研究動向

第2部　＜友人関係に関する期待と体験の否定的認識及び関連要因＞

第4章　中国人留学生の友人形成及び不形成過程は
どのようなものか（研究1）

第5章　中国人留学生の友人関係における期待と体験の
否定的認識及び友人関係への不満の関連（研究2）

第6章　中国人留学生の友人関係に関する体験の否定的認識と
友人関係への不満の原因帰属の関連について（研究3）

第7章　中国人留学生の友人関係に関する原因帰属と
日本イメージの関連について（研究4）

第3部　＜友人形成に向けた教育的介入＞

第8章　教育的介入によって日本人学生と中国人留学生は
どのような学びを得たか（研究5）

第9章　中国人留学生と日本人学生の交流の継続
と関連要因について（研究6）

終　章　総合的考察

留学生の友人関係構築のための具体的な取り組みとして、教育的介入とソーシャルサポート介入について概説する。第5節では、第1章から第3章を踏まえ、本研究の問題の所在と研究の目的について述べる。最後に、第6節では、研究課題について述べる。

　第4章では、中国人留学生の友人形成及び友人不形成に至る過程を質的に分析する。

　第5章では、中国人留学生の友人関係に関する期待と体験の否定的認識の関連について量的に分析を行う。まず、「友人関係期待」と「友人関係に関する体験の否定的認識」の関連について検討し、次に、「友人関係に関する体験の否定的認識」と「友人関係への不満」の関連について検討する。

　第6章では、中国人留学生の友人関係に関する体験の否定的認識と友人関係不満の原因帰属の関連について量的に分析する。

　第7章では、中国人留学生の友人関係不満に関する原因帰属と日本人イメージの関連について量的に分析する。

　第8章では、第4章から第6章までで問題となった友人関係に関する問題の改善策を模索するため、教育的介入によって日本人学生と中国人留学生はどのような学びを得たか、質的に検討する。

　第9章では、中国人留学生と日本人学生の交流の継続と関連要因について質的に検討する。

　第10章では、第4章から第9章の研究結果を踏まえ、総合的考察を行う。

本研究の調査時期、対象者及び調査の種類について
　本研究の各章の調査時期、対象者及び調査の種類は表 i のとおりである。

本研究を構成する諸研究

　本研究に含まれる筆者自身による研究は、次のとおりである。

(1)「留学生の友人関係における期待と体験の否定的認識との関連―中国人
　　留学生の場合―」単著『異文化間教育』第34号，136-150，異文化間教
　　育学会，2011年7月（第5章、研究2-1）

(2)「中国人留学生の友人関係に関する体験の否定的認識と友人関係への不
　　満、原因帰属の関連について」単著『お茶の水女子大学人間文化創成
　　科学論叢』第15巻，83-91，2013年3月（第5章、研究2-2・第6章、研究3）

(3)「中国人女子留学生の友人形成及び友人不形成過程に関する研究」単著
　　『群馬大学国際教育研究センター論集』第12号，71-86，2013年3月（第
　　4章、研究1）

〈表ⅰ〉各章の調査時期、対象者及び調査の種類

章	研究	調査時期	対象者	調査の種類
第4章	研究1	2008年9月〜10月	中国人留学生7名	質的研究
第5章	研究2	2008年9月〜10月	中国人留学生119名	量的研究
第6章	研究3	2008年9月〜10月	中国人留学生80名	量的研究
第7章	研究4	2008年9月〜10月	中国人留学生80名	量的研究
第8章	研究5-1	2013年2月	留学生19名（中国12名・タイ4名・韓国2名・ニュージーランド1名）日本人学生15名	量的研究
第8章	研究5-2	2013年2月	中国人留学生5名 日本人学生5名	質的研究
第9章	研究6	2013年2月	中国人留学生5名 日本人学生5名	質的研究

(4)「留学生と日本人学生の友人形成に至る交流体験はどのようなのか──多文化交流合宿 3 か月後のインタビューから──」単著『人文科学研究』No11，165-177，2015年 3 月（第 7 章、研究4-1及び研究4-2・第 8 章、研究 5 ）

(5)「研修会報告国際交流グループTEA の活動は異文化間の友人形成にどのような影響を与えるか」単著『コミュニティ心理学研究』17（1），67-71，日本コミュニティ心理学会，2013年 9 月

(6)「中国人留学生の友人関係不満に関する原因帰属と日本人イメージの関連について」『高等教育と学生支援』7，129-139，2016年

第1部

研究背景と先行研究

第 1 章

留学生交流の現状と動向

第 1 章では、マクロレベルの留学生交流の現状と動向について概観する。第 1 節では、世界の留学生交流の全体像を示し、留学生受入れと海外派遣の現状と動向について概観する。第 2 節では、留学生の受入れが世界で最も多いアメリカ及び留学生の派遣が世界で最も多い中国に焦点を当て、両国の留学生交流の現状と動向を述べる。第 3 節では、日本の留学生交流の現状と動向について概説する。

1.1　世界の留学生交流の現状と動向

先述のとおり、世界の高等教育機関に在籍する留学生数は増加傾向にあり2019年時点で 610 万人となっている。

2019年時点で、最多の留学生を受入れているのはアメリカで、留学先全体の約19.6％を受入れている。次いでオーストラリア（10.2％）、イギリス（9.8％）、ドイツ（6.7％）、ロシア（5.7％）となっており、これら上位 5 か国の合計が52％で高い割合を占めている。欧米諸国が世界の留学生の受入れ国の主流であることがわかる。

第 1 部　研究背景と先行研究

一方、2019年時点でOECD加盟国で学ぶ留学生の出身地域については、アジア地域出身の学生は全体の60％で群を抜いて多く、次いでヨーロッパが21％、アフリカが8％となっている。出身国別では最多が中国（21％）で、次いでインド（7.5％）、ベトナム（2.8％）、ドイツ（2.3％）、韓国（2.1％）となっており、中国やインド、ベトナムなどアジアの発展途上国出身の学生が北米・ヨーロッパ地域へと留学する傾向が、現在も続いているといえる。つまり、留学生移動の動向として、近代化が生み出した南北問題によりアジア・アフリカを中心とした発展途上国から欧米先進国へと向かう留学潮流が形成され（江淵，1997）、現在でも持続されていることがわかる。なお、日本の留学生受入れ順位は第8位（4.1％）で、派遣順位は第31位（0.7％）である。

　留学生が爆発的に増加したのは、1945年の世界大戦終結後であるが、留学生交流の動向を分析するためには受入れ国側が他国からの留学生を引き寄せる要因であるプル要因と派遣国側が自国学生の海外留学を後押しする要因であるプッシュ要因（江淵，1997；芦沢，2013）に着目する必要がある。戦後の留学潮流においては、欧米諸国への留学経験で得られる先進的技術や知識の提供がプル要因となり留学生の受入れが進んだ。一方、アジア・アフリカ・ラテンアメリカ等の新興国では先進文明の吸収と自国の人材育成の必要性がプッシュ要因となり、留学生派遣が強化された。

　プル要因とプッシュ要因は各国家の留学生交流に関する理念や戦略によって左右されることが多いが、戦後、多くの留学生を惹きつけるプル要因となった理念としてアメリカのフルブライト・プログラム（Fulbright Program）が挙げられる。このプログラムはJ・W・フルブライト上院議員がアメリカ議会に提出した教育交流に関する法案に基づき、1946年に発足した（賀来・平野，2002；高良，2012）。国際交流の促進による世界平和の実現を基本理念としており、設立以来交流協定のある160か国から約40万人以上が同プログラムに参加している（U.S.Department of State，2021）。

　また、西洋諸国が大戦による国家の弱体化から回復しつつあった1960年以降では、アメリカと同様に途上国からの留学生の受入れがイギリス・フランス・ドイツなどで推奨された（横田・白土，2004）。イギリス・フランス・ドイツは、この3か国の旧植民地であったアジア・アフリカ出身の留学生を

多く受入れるようになったのである。留学生の受入れに関するモデル分析を行った江淵（1997）を参照すると、この時期の留学生受入れの目的は発展途上国の援助・支援のための「途上国援助モデル」や国際理解を促進する「国際理解モデル」である。

　1970年代になるとオイルショックなどを契機として先進国の財政状況が悪化したため（武田，2006）、留学生受入れのための費用が問題視されていく。特にイギリスでは経済の低迷が深刻な状況となり、当時のサッチャー政権のもと、留学生受入れに関する財政負担についてのコスト・ベネフィット分析が行われた（寺倉，2009）。コスト・ベネフィット分析とは、留学生の教育に要する経費について綿密な計算を行うことである（江淵，1997）。分析の結果、留学生に国内学生よりも高い学費を課し、それまで無制限であった留学生の流入を抑制することで、経済的負担よりも収益のほうが大きくなることが明らかになった（江淵，1997）。そこで、1979年にフルコスト政策を打ち出し、留学生に留学費用を全額負担させ、自国学生の8〜10倍の授業料を払わせるようになった（江淵，1997；寺倉，2009）。これは、いわば高等教育の商品化（横田・白土，2004）であり、国内の高等教育の収益を増やすことや、高い技能を備えた移住者の誘致も意図されていた。

　この政策に対しては旧植民地国から激しい批判が起き、イギリスの留学生数は減少した。その反省から、イギリス政府は1983年に当時の外務大臣フランシス・ピムの名に因んだ「ピム・パッケージ」と呼ばれる基本方針を打ち出した（江淵，1997）。これ以後、イギリスの国益に適う特定国の留学生への奨学金制度が強化されるようになったが、留学生から高額の授業料を徴収する方針は維持された（寺倉，2009）。しかし、高額の授業料に見合った質の高い教育を留学生に提供することに成功し、留学生数は増加に転じた（江淵，1997）。1990年代では、ブレア政権時に、留学生受入れ政策として首相主導事業（PMI：The Prime Minister's Initiative）が打ち出され、さらなる留学生の増加がもたらされた（奥村，2008；Studying-in-UK.org，2021）。

　コスト・ベネフィット分析はオーストラリア、カナダ、シンガポール等でも行われるようになった。特に、オーストラリアは1986年にフルコスト政策を採用し、国家戦略として「留学立国」を目指している（横田・白土，

2004)。その特徴は、留学生受入れの体制を整えるべく、政府資金を投入し、戦略的な広報活動や大学間協定の設置をすることや、大学側にインセンティブを与え、国立大学に所属する留学生が支払う授業料収入の7割分を大学側の収入とすることで（横田・白土，2004）、受入れ拡大の成果を上げている。上述の江淵（1997）の分類によると、これらの留学生受入れの目的は留学生を、「高等教育」を購入する「顧客」として捉えているため「顧客モデル」とされる（江淵，1997：横田・白土，2004）。「顧客モデル」の登場はそれまでの発展途上国の援助や国際理解という理念からの大きな転換だといえる（江淵，1997；横田・白土，2004）。その理由は、これまで留学生の受入れは、個々の教育機関の問題とされてきたが、国家レベルでの経済的な得失に関する議論がなされ、その結果、留学生教育を産業として捉える視点が加わったためである。

　さらに、西ヨーロッパにおいてEC[1)]が形成され、ヨーロッパ地域の教育と研究の協力関係が一気に進展し、1987年よりヨーロッパ地域の人的交流促進のためにエラスムス計画（ERASMUS：The European Community Action Scheme for the Mobility of University Students）が開始され（堀田，1991）、2021年現在まで名称を変え地域を拡大し継続されている。エラスムス計画に基づく学生交流は3か月から1年の交換留学制度で、欧州委員会（European Commission）が資金援助を行っていた（堀田，1991）。エラスムス計画の目標は人的交流を通してヨーロッパの経済的発展や関係強化を目指すことであり、各国の留学制度を含む高等教育自体の制度や理念、形態の統合が進んでいる（江淵，1997）。この学生交流事業に参加したのは初年度の1987年では欧州地域12か国、年間3,244人であったが、開始後25年間で270万人を超える学生と33か国の4,000を超える高等教育機関が参加するまでに成長した（高良，2012）。同計画は1995年以降は教育分野のより広いプログラムであるソクラテス計画の一部に位置づけられている（高良，2012）。エラスムス計画の成功は、2004年から開始されるエラスムス・ムンドゥスというプログラムの開始につながり、2012年には東ヨーロッパ諸国や旧ソ連を含む33か国で、1987年の約80倍の252,827人の学生が参加し、拡大し続け、　ヨーロッパ域内の留学生交流にとどまらず、世界中の人材をヨーロッパの高等教育に惹きつけること

を目的とし発展した（舘，2006）。2007年からは、既にソクラテス計画の一部となっていたエラスムス計画は、7か年計画の生涯教育プログラム事業の1つとして展開されることになった（高良，2012）。2014年からは、留学プログラムの域を超え、生涯学習や青少年部門での様々な助成金プログラムを統合したエラスムス・プラスに発展を遂げ、2014年から2020年の間に、約400万人の生徒や学生、青年労働者、職業教育機関や成人教育機関に学ぶ人々や、教職員・指導員といった幅広い対象に、留学、職業訓練、スポーツ交流、教員の交流事業などの支援を行った（European Commission，2020）。2021年度からはインクルーシブ化、デジタル化、環境問題の意識向上などをコンセプトにさらに予算規模を拡大し、2025年までの間に1000万人のヨーロッパ人の学びに関する人の移動と国境を越えた協力を支援する施策を打ち立てている（European Commission，2020）。特に、デジタル化に関するコンセプトは、留学先の教育機関への電子書類の提出、授業記録や成績の電子管理、図書館の利用、学内での電子決済等を欧州学生証のみで完結できるようにするなど、一層の電子化を促すもので、留学生活における利便性が向上するものと考えられる。

　エラスムス計画の影響を受け、同計画をモデルとし、1991年、アジア太平洋大学交流機構（UMAP：University Mobility in Asia and the Pacific）が発足した（文部科学省，2002）。UMAPはアジア太平洋地域における高等教育機関間の学生・教職員の交流促進を目的とし、単位互換制度であるUCTS（UMAP Credit Transfer Scheme）の開発や奨学金事業の設立などの取り組みがなされている（文部科学省，2002）。2024年時点で、25か国が加盟しており、多国間交換留学プログラム、二国間交換留学プログラム、短期留学プログラム、サマープログラム、オンライン教育を推奨するUMAP-COILジョイントプログラムなどのプログラムを展開している（UMAP, 2021）。COIL（Collaborative Online International Learning）は、母国にいながらオンラインで世界各国の学生とつながり、英語を共通言語として学んでいくプロジェクト型学習プログラムである。国際的移動が困難な状況においても留学が可能となるため、コロナ禍以降注目が高まった。

　1990年代以降は、情報技術・ライフサイエンスなどの急速な発展を遂げた

国においては、ハイテク分野に精通した高度人材の供給が不足したため大学院留学生に対して卒業後、高度人材として留学国で活躍することが期待されていった（Bhandari & Blumenthal, 2011）。その結果、各国間の大学院留学生獲得の競争が激化し、各国において留学生獲得のための様々な取り組みが行われてきた。特にアメリカでは人材獲得の取り組みを早い時期から行ってきた。アメリカはそもそも移民大国であることの影響も大きいが、2006年までに理工系の分野で博士号を取得した学生のうち、50％は外国人学生で、アメリカで1995年から2005年までに設立したハイテク企業のうちの4分の1が移民による起業だという（Bhandari & Blumenthal, 2011）。その背景には、移民もしくは元留学生（芦沢, 2013）をIT技術者や研究スタッフなどの人材として雇用するための積極的なリクルーティング活動がある。高度人材の確保はアメリカ経済にとって欠かせないものとなっている。

　また、高度人材としての留学生獲得競争は欧米諸国に限るものではなく、かつての主要な留学生派遣国にも留学生受入れ数を伸ばす結果を生じさせている（Bhandari & Blumenthal, 2011）。特に受入れ数を伸ばしているのはアジア地域の国々である。例えば、中国は出身国別で第1位であるが、留学生の受入れ数も伸ばしており、2021年時点で、第10位である。横田・白土（2004）では、この留学生招致モデルについて、自国の経済発展のために留学生が卒業後移住することを視野に入れた「高度人材獲得モデル」と呼んでいる。

　さらに、今後の留学生交流の展開については、国際的な大学間の協定や共同研究が増加していることにより（OECD, 2013）、従来の受入れ側と派遣側の関係が固定化されず、より一層双方向的に留学生交流が促進されていくことが予想される。加えて、世界の高等教育機関で学ぶ学生数自体が、発展途上国の経済発展により増加しているため、留学の需要がさらに高まることが予測される。世界の高等教育機関で学ぶ学生は1999年時点では210万人であったが、2019年の時点で、610万人となっており、わずか20年余りで3倍に増加しているのである。また、高等教育の一環として自国でのキャリア形成のため国外の高等教育機関で学ぶ需要も増していること、海外渡航費も低額化したため留学にかかる経済的負担が軽減し国際間の移動が簡易化したこともさらなる留学生増加に拍車をかけている。コロナ禍においてオンライン

留学も注目されており、アフターコロナ下でも留学の一形態として定着していく可能性が高い。

　以上のように、世界の留学生交流の動向として、留学生の受入れ国の主流は欧米諸国の先進国であり、留学生派遣国の主流はアジア諸国等の発展途上国や後発国であるが、留学生派遣国が受入れ国としても成長するなど、より複雑化した様相が示された。各国・各地域の留学生交流の理念や国策により、留学生交流の動向は変遷しており、近年では「高度人材獲得モデル」の影響により、各国間の留学生獲得の競争が激化してきている。

1.2　アメリカ・中国の留学生交流の現状と動向

　第1節で述べたように、留学生交流は世界の社会・経済動向を背景に、受入れ側のプル要因と派遣側のプッシュ要因とが複雑に関連し合いながら変動してきた。本節では、留学生受入れ大国であるアメリカと派遣大国である中国の留学生交流について、両国の留学生交流の理念や国家戦略等の特徴に着目し、現状と動向を見ていく。

1.2.1　アメリカの留学生交流の現状と動向

　アメリカの留学生交流の現状における特徴は、他の先進諸国と異なり、国家（連邦政府）としての留学生政策が存在していないことである。その背景には、アメリカは地方（州）分権的統制のシステムが敷かれ、教育行政の権限が各州政府にあるため包括的な国家教育指針が確立されていないことや、私学セクター・非政府の機関が卓越していることがある（江淵，1997；小林，2013）。また、アメリカ政府は近年まで留学生のリクルートにそれほど積極的ではなかったが、その理由は、アメリカの先進性や民主・自由主義、高等教育の充実ぶりなど国自体の魅力（小林，2013）がプル要因となり、世界中の学生たちを惹きつけてきたためである。つまり、特に留学生交流促進のための政策を打ち立てる必要がなく、「門戸開放的政策」（江淵，1997）をとってきた。

　しかし、政府支給の奨学金制度については前節で述べたフルブライト・プ

ログラムに代表されるように古くから発達している。同プログラムは留学生受入れについては主にアメリカの大学で修士号や博士号を取得する大学院生を支援するもので、年間約4,000人の海外留学生を世界各地から受入れている。学位取得の目標を達成した留学経験者であるフルブライターの多くは帰国後、母国の教育界や政府機関、企業など様々な分野で活躍している（白土・坪井・横田，2002；高良，2012）。また、同プログラムは受入れのみではなくアメリカ人学生の海外留学も推進している。派遣については、アメリカ人の大学院生などを対象とした1～2年間の留学を支援するプログラムが代表的なものであり、年間約2,800人（学生約1,600人、研究者約1,200人）を派遣している。

　さらに、2001年よりベンジャミン・A・ギルマン国際奨学金プログラム（Benjamin A. Gilman International Scholarship）が設立され、経済的な理由で海外留学を断念せざるを得ない学生等に対する支援がなされている（Institute of International Education，2014）。同プログラムでは、144か国への派遣がなされている（小林，2013）。Institute of International Education（2013）によると、アメリカ全体の海外派遣と比較し、特徴的なこととしては、第一に、同プログラムから支援を得ている者には、アフリカ系・ヒスパニック系・アジア系などマイノリティ人種の学生が多いことである。第二に、アフリカ、アジア、東ヨーロッパ、中東地域への派遣が多いことである。これは、留学生の受入れ数の多い国との間の受入れ超過の問題の解消や開発途上国援助と特定地域の専門家育成による国家安全保障上の国家戦略が関連しているものと考えられる（小林，2013）。

　アメリカの留学生交流の問題としては、留学生の受入れ数が派遣数を圧倒的に上回っており、偏りが生じていることが挙げられる。留学生受入れ数は前節のとおり、世界第1位の座を保ち、2022年から2023年で1,057,188人となっている一方、アメリカ人学生の派遣数は2021年から2022年において188,753人である（Institute of International Education，2023）コロナ禍の影響より2019年から2020年にかけて受入れ、派遣ともに激減したが、2021年以降、復調しつつある。この受入れと派遣の不均衡は、アメリカの経済交流や外交に積極的に貢献できる人材の養成の妨げになっているとされ、自国の学生の海外留学率を向上させることが課題となっている。

また、留学生の受入れ国はアジア諸国が中心であるのに対し、自国学生の派遣国は欧米諸国が中心のため、双方向的な留学生交流がなされていない。アメリカの大学に所属する海外留学生の出身地については、中国が全体の27％と最多で、インド（25％）、韓国（4％）とアジア諸国が上位を占め、欧米諸国ではカナダの第4位（3％）が最多で、台湾・ベトナム・ブラジル・ニカラグア・サウジアラビアが並び同率5位（2％）である（Institute of International Education, 2022）。カナダについては地理的関係から例外的に留学する者が比較的多いと考えられる。そのため、アジアからアメリカへ、つまり発展途上国から先進国へと留学する世界の留学潮流と軌を一にしているといえる。

　一方、アメリカ人学生の主な海外留学先については、2022年から2023年においてはイタリアが全体の16％と最多で、イギリス15％、スペイン13％と欧州諸国が上位を占める。アジア地域では韓国の第8位（2％）が最多で、日本は第35位で0.4％である（Institute of International Education, 2013）。このことから、留学生派遣の傾向は、アメリカから欧州、つまり、先進国から先進国へと留学する傾向が主流であることがわかる。

　こうした現状を踏まえ、アメリカ政府において留学生交流のさらなる推進が課題となってきている。特に前述の奨学金制度の充実化や、前節でも触れた留学生リクルートが積極的に行われている。その一環として、アメリカ留学を推進する公的ネットワークであるEducation USAセンターは世界170か国に展開し、各国の学生に総合的なアメリカ高等教育及び留学情報を提供している（小林, 2013）。

　以上より、アメリカの留学生交流は受入れについて戦後、継続的に成果を上げてきたが、昨今では高度人材獲得の競争が激化しており、高度人材としての留学生の受入れ数をさらに伸ばすことが課題になっている。コロナ禍の影響で2020年からは留学生数は減少したが、2022年では再び増加に転じており、留学生数はコロナ禍以前の水準に戻る傾向にある一方、アメリカの前政権であるトランプ大統領が掲げた反移民政策や学生ビザの厳格化などによりコロナ禍以前に留学生の増加率は鈍化していたため、今後、政権交代の影響によっても留学生交流の動向は変化をしていく可能性がある。

第1部　研究背景と先行研究

1.2.2　中国の留学生交流の現状と動向

　中国の留学生交流の動向の特徴は、1980年代以降、留学生派遣数が急増したことであるが、近年の傾向としては、受入れ国としても目覚ましい発展を遂げている。以下では、張（1993）・岡（1994）・苑（2007）の中国人留学生派遣の歴史についての分類を参考に中国人留学生の派遣動向について述べる。

　中国で留学生派遣が本格的に始まったのは、19世紀半ばであり、欧米諸国への留学が主流であった（張，1993）。この時期の留学は中国がアヘン戦争[2)]（1840年から1842年）で大敗を喫した危機感などから、国家の独立を守るために西洋の技術文明を取り入れることが急務となったことが背景にあり（石附，1982）、留学生は西洋の知識と技術を学ぶために派遣された。

　20世紀初頭は日本留学が主流となる。その理由は日清戦争（1894年から1895年）後、中国において近代化の遅れを克服する必要性がさらに強く認識されたため、日本に留学生を送り込むことで間接の媒介ルートとして西洋文明を短期的かつ能率的に学習することが目的とされたことである（石附，1982：鈴木，2011）。

　1950年代に入ると旧ソ連・東欧への留学が主流となる。これは1949年の新中国成立後、主な派遣先に中国と同様の社会体制をとる社会主義国が選ばれたことが背景にあり、1950年から1964年までの間に約2万人が留学したが、その後、文化大革命（1966年から1976年）によって中断された（苑，2007）。

　1978年以降はアメリカ・日本等への留学が主流となった。これは、1978年の改革開放政策により、市場経済化を担う人材育成のための留学生派遣が再開されたからである（横田・白土，2004）。この対外開放施策によって政府奨学金による国家派遣制度が整備され、海外の大学との大学間交流協定が結ばれ自費留学も許可されたため、留学生派遣数は増加し1989年までの間に約6万人に達した（苑，2007）。特に、私費留学が1984年に正式に認められたことにより、海外留学が激増し、2013年度では413,900人に達している（鈴木，2011：中国教育在線，2014）。

　日本への国費留学については、1972年に日中国交回復が実現し、1978年に日中平和友好条約が締結された後に、中国政府の要請により1979年には中

国政府派遣留学生の受入れが開始された。1978年から1989年の間で約9,000人の中国人留学生が来日したという（李・田渕, 1997）。私費留学については、先述のように1984年に中国政府により私費留学が正式に認められ、1993年以降には勤務義務等の規制も緩和されたため90年代に急ピッチで留学生数が増加し、私費留学生が主流を占めるようなった。こうした私費留学の中国人留学生の急増によって、日本においても、留学生受入れ全体の国別総数において中国人留学生数が1988年以降最多となり、現在に至るまで最多を維持し続けている（日本学生支援機構, 2023）。

　また、1989年の天安門事件を機に、中国において在外留学生の不帰国が「人材流出」として問題視されるようになった（横田・白土, 2004）。中国政府はその対策として、厳しい出国制限を緩和し、留学を推進するとともに帰国条件を整備し帰国を奨励する方針を定めた。帰国奨励政策は具体的には留学帰国者の就職斡旋や給与・住居など手当ての面での優遇措置、起業や研究・開発のための支援などであり、その成果から帰国率は徐々に増加してきている（岡, 1994）。

　さらに、受入れについては、1970年末から本格化し始め、1980年には私費留学生の受入れも開始された（南部, 2014）。留学生受入れの体制が徐々に整備され、留学生を増加させる方策として、教員や管理担当者の配置、関連施設の建設、中国語学習を目的とした短期学習クラスが開設されるようになった（南部, 2014）。加えて、1990年代以降では、経済体制の移行により教育を産業とみなす考え方が浸透したことや、大学の法人化に伴う自主財源確保の必要性の増大により、私費留学生の受入れがより積極的に行われている（寺倉, 2009；南部, 2014）。また、中国政府によって150か国余りの国と協定が結ばれ政府奨学金が提供されており（大塚, 2008）、中国政府の国費による留学生の受入れ数も伸びてきている（苑, 2007）。

　加えて、中国において留学生交流の課題とされていることは、アメリカと同様に高度人材養成のため、留学経験を積んだ後に中国に帰国させ、母国の経済発展に貢献する中国人学生を増やすことである（南部, 2014）。

　受入れ面については、中国政府の方針として2020年までに50万人の留学生を受入れることが目指され、2018年時点で留学生数は492,185人となって

第1部　研究背景と先行研究

いる（China education center, 2019）。

　中国国内での海外の大学との提携による海外の学位を授与するコースの開設や中国の大学の海外分校の設置の動きも見られるようになってきている（横田・白土, 2004）。また、国際的な大学間協力による留学生交流の展開が目指され、交換留学協定や単位の相互承認、学位の相互授与や共同授与の実現のための取り組みも推進されている。以上のように、中国は国家戦略のもと留学生の派遣国としてのみではなく、受入れ大国としても成長している。コロナ禍の影響で2020年以降、中国は留学生の受入れを停止したため減少に転じたが、2022年8月以降では受入れを再開したため、今後も増加傾向に転調する可能性が高い。

1.3　日本の留学生交流の現状と動向

　前節までは、アメリカと中国の留学生交流の現状と動向について見てきたが、この2か国は日本の留学生交流の動向とも深く関わっている。そこで、本節では、アメリカ・中国の留学生交流の動向との関連にも着目しながら、日本の留学生交流の現状と動向を見ていく。以下では、1）留学生交流の黎明期である幕末期から明治期まで、2）世界戦争により留学生交流がターニングポイントを迎える第二次世界大戦開戦期から1970年代の日本の経済成長期まで、3）留学生交流に関する国家戦略が示されるようになる1980年代から現在に至るまでの3つの時期に焦点を当て概説する。

1.3.1　幕末期から明治期まで

　日本人留学生に関する最古の記録は、西暦600年からの中国への遣隋使・遣唐使派遣に同行した留学生や留学僧についてで、894年にこの制度が廃止された後は、海外との交易は制限され、留学は禁じられる傾向にあったという（足利, 2003）。再び留学が盛んになるのは幕末から明治初期にかけてである。この時期の日本は江戸幕府体制が揺らぎ、倒幕と新政府の樹立を迎える動乱期であった。石附（1989）によると、当時の留学は明確な国家目標に沿い、先進文明を学び自国の近代化を成し遂げようとする「文明学習」として捉え

られていた。

　幕末期では、江戸幕府による軍事力の強化を目的とした留学生派遣が検討された。また、明治期では政府により留学生の派遣が推進されたため、1862年から1874年の間に、記録に残っているだけでも700名以上の日本人留学生が欧米諸国に留学している（石附，1992）。その背景には、アヘン戦争（1840年から1842年）やアロー戦争[3]（1956年）などの欧米諸国の中国に対する侵略への警戒や国内の薩英戦争[4]（1863年）、下関戦争[5]（1863年・1864年）などによる近代的兵器の脅威の増大（井上，1998）があったという。

　江戸幕府による最初の留学生派遣国は、1862年のオランダである（宮永，1990）。オランダへの留学生派遣を初めとし、1866年、日本人の海外渡航が解禁され、幕府はロシア、イギリス、フランスなどに留学生を派遣した[6]。また、明治政府の樹立後も、西欧文明導入と外国情勢把握のための策として国内の少数エリートに海外留学をさせることが推進され、当時の文部省予算の1割以上の額が留学費に充てられた（石附，1982）。このように幕末・明治期の留学生派遣は、派遣側の日本には、西欧の近代的知識や技術の獲得がプッシュ要因となっていた。また、受入れ側の西欧諸国には外交関係を有利に進めたいという思惑がプル要因となっていた。

　留学生受入れについては、留学生派遣と同様に日本政府が積極的に関与し推進していた。来日した留学生は圧倒的にアジア出身者が多く、留学生全体の約8割を占めていた。特に、19世紀末は中国政府側が積極的に日本留学を推進し（鈴木，2011）、日本政府側も官費留学生のみではなく私費留学生の受入れも推進したため、中国人留学生数が目覚ましく増加した（李・田渕，1997）。前節で述べたように、当時の中国は日本に留学生を送り込み、西洋式の教育や軍備の手法を取り入れることが急務となっており、1905年から1906年ころには、中国人留学生の受入れ数は1万人ほどでピークを迎えた（阿部，1992）。しかし、それ以降は中国政府側の要請により、清王朝の打倒を目指す革命派学生への制限や抑圧のため、入学や修学上の制限が強化され（石附，1992）、急激な減少に転じた。その後、辛亥革命[7]（1911年）や反日運動への参加のための帰国者も加わり、1912年ころには中国人留学生は1,400人まで減少した（石附，1992）。

第1部　研究背景と先行研究

一方、中国以外の台湾・朝鮮・ベトナム等の留学生については、国家情勢により留学生交流の経過は一様ではなかった。各国が日本の近代化を学ぼうという期待から留学生を送っていたが、1905年から1907年ごろにかけて、中国人留学生と同様に入学・修学上の制限が強化され、政治的運動を封じ込められたため、留学生数が減少した（石附，1982）。このように、幕末・明治期の留学生交流は、欧米諸国から近代的技術や知識を吸収するために、派遣面では日本から欧米諸国へ、受入れ面では中国・台湾・韓国等の東アジア地域から日本へと向かう傾向にあった。

1.3.2　第二次世界大戦開戦期から経済成長期まで

第一次・第二次世界大戦等により、留学生交流の様相は大きく変化した。中国や欧米諸国の多くは敵国として対峙する関係になったため、それまでの欧米諸国への日本人留学生派遣は中断された。また、戦争を有利に運ぶための戦略の一端としてアジア諸国からの留学生受入れが積極的に行われるようになった。まず、日本が第二次世界大戦に参戦しようとしたころより、当時日本への留学が少なかった現在のマレーシア、インドネシア、タイ、ブルネイ、カンボジア、フィリピンなどの東南アジアからの留学生を増加させることが検討され「南方文化工作特別指導者育成事業」の開始により（鈴木，2011）、205名の留学生が招聘された。来日した留学生は南方特別留学生と呼ばれ、母国に大東亜共栄圏[8]を建設するための指導者として育成することを目的とした教育がなされた（鈴木，2011）。実際に南方特別留学生への宿舎提供や日本語教育などを行ったのは、国際学友会[9]であるが、戦局の悪化や日本の受入れ組織同士の連携不足等によりわずか1年で同事業は終了した（鈴木，2011）。また、上述の国際学友会はタイ政府との協定や民間団体の提携により1942年では合わせて200人以上が来日した（石附，1982；河路，2003；国際学友会，2004）。

第二次世界大戦終結後、留学生交流に再び変化が生じた。まず、留学生派遣に関して、アメリカ留学に端を発し日本人学生の欧米諸国への留学が再開された。先述のフルブライト・プログラムに先んじて1949年から1951年まで、ガリオア・プログラム（GARIOA：Government Aid and Relief in

Occupied Areas）により約1,100人の日本人がアメリカへ留学した（日米教育委員会，2014）。ガリオア・プログラムとはアメリカの占領下にあった日本での行政のためのガリオア資金（占領地統治救済費）によって、日本人学生をアメリカに留学させるプログラムのことである（近藤，1992）。また、近藤（1992）によると、アメリカ側のプル要因は日米間の学生・研究員らの交換によって日本に民主主義を普及させることであった。

　一方、日本人学生側の留学動機は近藤（1992）によると、第一に、戦争による日本の科学技術・工業等の遅れを取り戻すこと、第二に、占領下の改革がアメリカをモデルにしたものであったためアメリカの制度や思想を理解する必要があったこと、第三に、日本人学生が戦後の貧窮から抜け出し豊かなアメリカへ脱出すること、第四に、敗戦と占領により見えたアメリカの国力そのものに惹きつけられたことであり、これらがプッシュ要因となっていた。

　1952年からは先述の日米間のフルブライト交流事業が開始され、フルブライターと呼ばれる留学経験者は現在に至るまで日本人が約6,700名、アメリカ人が約3,000名にのぼっている（日米教育委員会，2023）。また、第二次世界大戦後の日本の留学生受入れは、サンフランシスコ条約締結とユネスコ加盟による国際社会への復帰、南・東南アジアへの経済的支援計画（通称コロンボ計画）に参加したことが契機となり開始された（横田・白土，2004）。先述のガリオア資金の援助が開始された1946年のわずか9年後の1954年に日本はコロンボ計画に加盟し、政府開発援助（ODA）を開始している（横田・白土，2004）。これは当時、アメリカや西洋諸国は、アジア諸国の共産化への防止策として援助を行う必要性を感じており、教育によって西側の価値観に理解を示す人材を育成することを急務としていたことによる影響が大きい（波多野，1994；横田・白土，2004）。

　こうした西側諸国の思惑のもとで、日本の国際社会への参加が促され、留学生の日本への受入れ体制が整備され、1954年には「文部省国費外国人留学生制度」が創設された（武田，2006）。同制度は、第一に東南アジア・中近東の新興独立諸国の留学生招致、第二に学部留学生招致に重点を置いたもので（武田，2006）、初年度は11か国23名で小規模なものだったが、徐々に増加し2022年時点で8,924人まで数を増やしている（石附，1982；日本学生支援機構，

2022)。また、1960年からはインドネシアとの賠償協定によるいわゆるイン
ドネシア賠償留学生制度が開始され、1966年までの間に385人の留学生が来
日した。中国人留学生に関しては、1972年に日中国交回復が実現し、1979年
には中国政府派遣留学生の受入れも開始され理工系留学生が多く来日した。
さらに、同年、日本語・日本文化研修留学生制度が開始され、外国の大学の
学部在籍者を対象に1か年の留学が奨学金により支援されている。これらの
留学生受入れ事業は、戦後賠償として、加えて、アジア諸国の人材育成に貢
献することで途上国を援助することが基本理念となった受入れだといえる。

　以上のように、第二次世界大戦期は軍事目的のもとで留学生受入れが行わ
れ、戦後は、アジア諸国に対する戦後賠償として留学生受入れを行うための
制度が整えられていった。

1.3.3　1980年代から現在まで

　現在、日本国内における大学などで学ぶ留学生数は231,146人（日本学生支
援機構，2023）である。30年ほど前には10,000人程度しか在籍していなかっ
たことを考えると、1980年代以降より現在に至るまで飛躍的な増加を遂げて
きたといえる。

　留学生の在籍状況については、大学（学部・短大・高専）が最も多く72,047人で、
大学院53,122人、専修学校（専門課程）51,955人、日本語教育機関が49,405人
と続いている。留学生の性別は、男性130,762人、女性100,379人であり、留
学生の出身国（地域）は、多い順に中国103,882人、ベトナム37,405人、ネパー
ル24,257人、韓国13,701人、インドネシア5,763人、で、アジア諸国が上位を
占めており、全体の93％に当たる。

　1980年代から2010年代の留学生急増の傾向に対しては、これまで日本政
府により提言された以下の留学生政策が寄与するところが大きい。これは、
第一に、1983年に提言された「留学生受入れ10万人計画」（以下、10万人計
画）であり、第二に、2008年に提言された「留学生受入れ30万人計画」（以下、
30万人計画）である。

　まず、10万人計画策定の背景には、アジア諸国からの戦後処理に関する反
感や高度経済成長に伴う貿易摩擦への憂慮、日本の18歳人口減少に伴う高

第1章　留学生交流の現状と動向　　*31*

等教育の学生補充の意図があったという（横田・白土，2004）。また、1970年代以降の経済発展により、経済先進国となった日本が国際的に果たす役割として開発途上国の人材養成や国際貢献の役割が強まった（江淵，1997）。20世紀初頭をめどに10万人の留学生を受入れることを目標としていたが、この10万人という目標数値の設定背景には、他の欧米先進国に比べると当時の日本の留学生受入れ数がかなり少なかったことがある。当時アメリカが約31万人、フランスが約12万人、イギリス・西ドイツが約6万人の留学生を受入れており（文部省学術国際局留学生課，1983）、21世紀末までにフランス並みの10万人の留学生を想定した受入れ体制を整備する試案が策定されたのである。原（1986）・馬越（1993）によると、10万人計画以前は政府が留学生の総量をあらかじめ示し改革的に実現していくような政策がなかったため、当時の大学関係者の多くが実現性に疑問を持っていた。しかし、政府の様々な施策展開に応じることが求められ、10万人計画を前提に留学生問題を考えること（馬越，1993）は大学が行うべき「変革」（原，1986）となっていった。

　10万人計画後の大学の受入れ体制の変化としては、第一に、留学生に向けた日本語教育の充実のための留学生への指導やケアを専門とする担当教員の増員と留学生向けのコース・科目が新設されていった。旧文部省学術国際局留学生課（1990）によると、1988年までに国立大学41校に対し109人の留学生担当教員が配置された。また、「日本語・日本事情」の科目が設置され、1988年までに52大学に60人の専門教員が配置されている。私立大学等でも政府の特別補助金の影響等により「日本語・日本事情」が設置されるようになり、これを正規の科目としている大学は1986年当時で国立59校、公立3校、私立51校の計113校に上っている（鈴木，2011）。

　第二に、留学生活の充実のために様々なサービスが提供されていった。1987年には、大学34校に対し45人の留学生業務担当職員が配置され、留学生向けの集中的な事務が行われるようになっている（鈴木，2011）。また、留学生の宿舎の確保はとりわけ大都市部では厳しい状況であったが、建設や整備が進められ改善が試みられるようになった（鈴木，2011）。

　10万人計画は日本の経済成長の波に乗り留学生数は順調に増えており、1993年には5万人を超え、2003年には目標の10万人に達した。留学生が急

増した背景には先述の中国も含め、現在も派遣上位国となっている近隣の東アジア諸国が、1980年代に海外留学制限を撤廃し、私費留学を含む留学を完全自由化したこと（馬越，1993）の影響も大きい。特に中国人留学生については先述のように1984年に私費留学が正式に認められ、1993年以降には帰国後の勤務義務等の留学に関する規制も緩和されたため、日本へ向かう私費留学生が激増した。また、留学生急増傾向には、留学政策は各国の状況によって異なるものの、アジア諸国を中心とした派遣の国家的推進や経済発展による留学費用の負担軽減等も関与していると考えられる。

　しかし、留学生受入れの質的な側面では様々な課題が残った。加賀美・小松（2013）によると、政策理念である人材育成や国際貢献等による途上国援助の効果が検証されていないことや、社会における外国人受入れの基盤が十分にないまま先進国の責務として留学生受入れを行ったため、本質的な外国人受入れの議論がなされていないことなどの課題である。また、横田（1993）は、政策理念である「援助」が一方的なものになりやすく、対等な関係の形成や互いに学び合うという共通の目的意識の醸成を阻害しかねないと指摘している。経済的基盤がぜい弱な私費留学生がアルバイトで生計を立てることを前提にした受入れ体制が確立され、その状況が現在においても変わらないことも問題として挙げられる（加賀美・小松，2013）。2022年時点においても、私費留学生の割合は9割以上を占めている。

　この問題を残したまま2008年、政府によって30万人計画が示された。これは、今後留学生受入れ数をさらに伸ばし2020年をめどに30万人の留学生受入れを目標とした計画である。30万人計画が10万人計画と異なる点は、途上国援助の観点から高度人材獲得のための国家的戦略（横田，2008b；芦沢，2013）として留学生政策を新たに位置づけた点である。また、30万人計画が打ち出された背景には、第一に、中国や韓国などのアジア近隣諸国が急速な発展により留学生受入れ大国へと成長したため、人材獲得の競争が激化したこと、第二に、日本社会の少子高齢化の進行による人材不足の解消のために留学生を人材として確保したいという狙いがあることである（横田，2008a；加賀美・小松，2013）。このことから、30万人計画では、日本留学への関心を呼び起こす動機づけや情報提供、入試や入国制度の改善、大学や社会におけ

る受入れ体制の整備、卒業・修了後の就職支援等に至る幅広い施策の整備がなされた（横田，2008a；加賀美・小松，2013；芦沢，2013）。さらに、30万人計画に基づいた事業として、2008年より国際化拠点整備事業、通称「グローバル30」が開始された。これにより、日本語教育の充実、英語による授業のみで学位が取得できるコースの設置、外国人教員の増員、海外の大学との協定に基づく交換留学プログラムの実施、秋季入学制度の導入、就職支援などが行われている（加賀美・小松，2013）。

　また、横田（2013）は30万人計画以後の変化について、いくつかの有力な私立大学において改善されたことを報告しており、例として立命館アジア太平洋大学（APU：Ritsumeikan Asia Pacific University）を挙げている。10万人計画以降、大半の日本の大学は大学の中にいわば出島をつくり、留学生寮の提供や集中的な事務、留学生向けの特別授業などを行ってきた（横田，2013）。しかし、立命館アジア太平洋大学は大学内に出島をつくり留学生を特別扱いするのではなく、大学本体を国際化させ留学生を受入れている（横田，2013）。

　グローバル30以後も課題は多く残っている。例えば、グローバル30以後の課題について整理した加賀美・小松（2013）には、グローバル30の拠点校において留学生の受入れを担当する守谷（2012）の指摘が示されている。それは、大学の英語コースの設置が相次ぐ中、多くの留学生が日本語未習のまま母国から直接入国し、入学後はすべての講義が英語で実施されており、学生同士や教員とのコミュニケーション、諸手続き等、学内での日常生活もほぼすべて英語で行えることへの懸念である（守谷，2012）。こうしたコースに所属する留学生は日本語や日本社会との接触機会がほとんど得られないまま帰国するため（守谷，2012）、日本社会との深い関わりが持たれていないと考えられる。さらに、グローバル30指定校以外の多数の大学において助成が得られない現状では留学生交流の促進は資金面においても厳しく、大学間の国際化格差の問題も生じているという（加賀美，2012；高良，2012）。こうした状況では、留学生に質の高い研究や教育の場を提供できるのか、日本留学の経験が将来の就職やキャリアにつながるのかということが不明瞭であり、日本留学に対する国際的評価を低下させてしまう可能性がある（加賀美・小松，2013）。

　また、グローバル30は2011年に廃止され、「大学の国際化のためのネット

ワーク形成推進事業」に組み立て直され（文部科学省, 2011）、2014年以降は、スーパーグローバル大学創成支援事業（文部科学省, 2014b）により、事業選定された日本の37大学において国際化の取り組みが重点的に行われている。さらに、2021年以降は、大学の世界展開力強化事業（文部科学省, 2021）が展開され、単位の相互認定や成績管理、学位授与等を行う教育交流プログラムの開発・実施を行う大学を支援することにより、受入れと派遣相互の円滑な留学交流が目指されている。

　2020年以降は、コロナ禍の影響により減少に転じているが、世界各国において留学に関する規制が緩和され始めていることから、今後再び増加傾向に転じる可能性が高い。

　一方、日本人学生の派遣については、近年まで国家的な政策がほとんど立てられてこなかった。日本人学生の海外留学者数は日本学生支援機構（2023）によると、コロナ禍の影響前の2019年時点で61,989人でピークを迎え、2020年では、42,709人となっている。2020年時点において留学者の派遣数の多い国は、1位はアメリカで11,785人、2位は中国で7,346人、3位は台湾で5,116人、4位はイギリスで2,822人、5位はオーストラリアで2,742人で、この順位は2019年と変わらない。2000年代ころより日本人学生の留学が停滞した理由としては、日本人学生の内向き志向が進んでいるためだという論調が主流であるが、留学減少の原因を日本人学生の内向き志向のみに求めることに対しては批判の声もある。加賀美（2011）は、日本人学生の海外志向の低下の原因として、日本が先進国として成熟してきたことによりプッシュ要因が減少したこと、個人的な海外留学の希望があっても経済的負担やリスクの高い留学よりも国内就職という社会的安定志向が優先されるようになったことを指摘している。また、太田（2013：2014）は、就職活動の早期化と長期化のため留学を選択できないこと、留学のための制度やプログラム・支援が整備されていないこと、留学による学位取得やキャリア形成、大学院や就職における評価が低いこと、日本経済の不調などの社会的問題が日本人学生を海外留学に向かわせない理由だとしている。

　2010年ごろになると、日本政府はようやく海外留学者の減少を重要な問題として扱うようになった。それ以前は留学生交流に関する国家戦略は受入れ

面のみで語られることが主流であったが、2013年に公表された日本再興戦略及び第2期教育振興基本計画において、「日本人学生の海外留学の推進に力を入れ2020年までに日本人留学生を6万人（2010年）から12万人に倍増させること」（文部科学省，2014a）が具体的目標として設置されたのである。

その背景には、2000年ごろから経済団体や経済産業省により、日本企業のグローバル化を担い、グローバル・ビジネスで活躍する日本人及び外国人人材として「グローバル人材」の必要性が論じられるようになったことがある（吉田，2014）。特に日本人学生の海外留学経験者を増やし、グローバル人材として育成することは日本産業のグローバル化にとって喫緊の課題であるという論調が高まり、2009年、経済産業省によって「産学人材育成パートナーシップグローバル人材育成委員会」が設置された（吉田，2014）。このように、グローバル人材を産学が連携して育成することは日本の国家的戦略となり、その施策を文部科学省が担うようになった。

具体的には、以下の2つの事業がグローバル人材育成のための主要な事業として開始されている。第一に、2011年に開始された「大学の世界展開力強化事業」（文部科学省，2021）である。これはアジア・アメリカ・欧州等の大学と連携し大学間交流や交流拠点の形成等を支援するもので、2014年度までに26件の大学の教育構想が公募・審査の上、採択されている（日本学術振興会，2014a）。例えば、同事業では、海外の大学との高等教育の連携を目的としたAIMSプログラム（ASEAN International Mobility for Students Program）が策定されている。同プログラムは、ASEAN統合に向けた学部生向けの人的交流プログラムで、日本の他にマレーシア、インドネシア、タイ、ベトナム、フィリピン、ブルネイが参加している。

第二に、2012年に開始された「グローバル人材育成推進事業」である。これは、グローバル人材の育成を目指す教育プログラムを5年間にわたって支援するもので、42件の大学の教育プログラムが採択されている（日本学術振興会，2014b）。同事業では、グローバル人材に求められる語学力や主体性・積極性などの心理的課題、異文化理解能力などの向上や留学経験率の増加が目標とされている。

また、2014年度より、留学生受入れと派遣に関する政策を集約した「スー

パーグローバル大学等事業」（文部科学省，2014b）が開始された。これは、グローバル30やグローバル人材育成のための取り組みを集約し、留学生の受入れと派遣を一本化した政策だといえる。世界レベルの教育研究や日本社会のグローバル化を牽引する大学の事業を最大10年間重点的に支援するもので、2014年9月、37校の大学が採択された。また先述のとおり、2021年以降は、大学の世界展開力強化事業が展開されている。さらに、2023年、日本政府は2033年までに留学生を40万人に、日本人学生の海外留学者を50万人に増加させることを目標とした提言を打ち出した（文部科学省，2023）。海外の大学との制度的な連携により、受入れ数と派遣数のさらなる増加が目指されている。

　以上のように、1980年代以降は、国家事業として留学生受入れが行われるようになった。また、アジア諸国の経済発展も寄与し私費留学生数が急増した。2010年代からは、日本人学生の留学生派遣にも重点が置かれるようになっており、コロナ禍の影響で2020年以降、派遣数は激減したものの、コロナ禍の収束に伴い、今後一層増加していくことが予測される。

　これらのことから、本章で析出された問題について整理する。まず、第一の問題は、現代に至るまで受入れ国の主流は先進国であり、派遣国の主流は発展途上国であることから、受入れと派遣のバランスがとれていない問題である。近年中国は留学生の受入れ大国としても成長している点など、変化が生じている側面も垣間見えたが、世界全体では依然として発展途上国から先進国へと留学する潮流が続いている。また、日本やアメリカでは近年まで海外派遣を国家的戦略として捉えてこなかったことなどから、受入れ数が派遣数を圧倒的に上回っている。例外として、EUでは1980年代後半よりEU圏内での双方向的な留学生交流が目指され一定の成果を上げているが、留学生交流を、各国の国益の問題ではなく国際理解や国際平和など世界全体で共有する問題として捉えなければ、これ以上の発展は望めないと考えられる。そのためには、先進国から発展途上国への留学の推進など、双方向的な交流を目指すことが一つの目標となる。

　第二に、留学生交流が経済発展のための国家戦略の一つとして位置づけられるようになったことによる弊害である。1970年代以降では、先進国を中心にコスト・ベネフィット分析が行われ、留学生は支援の対象から、教育をサー

第1章　留学生交流の現状と動向　　*37*

ビスとして提供される顧客として認知されるようになった。また、1990年代に入ると、留学生は受入れ国の経済発展のためのグローバル人材として期待されるようになり、卒業・修了後の受入れ国への定住が目指されるようになった。このことから、受入れ国側は留学生を一時滞在者としてではなく、定住・共生する存在として見るようになってきているものの、受入れ国側のホスト社会が留学生を経済発展のための人材として重視する余り、留学生側の留学目的や留学に対する期待、留学生の心理面における問題などのメゾレベルの問題が見落とされがちになることが懸念される。そこで、第2章では、メゾレベルの問題として、留学生の心理的側面に焦点を当て、留学生の異文化接触に関連する諸理論と研究動向を概観する。

【註】

註1　EU（欧州共同体）は1967年に誕生した。正式名称は、The European Communitiesで、当初の加盟国はベルギー、ドイツ、フランス、イタリア、ルクセンブルグ、オランダの6か国で、その後新たに、デンマーク、アイルランド、イギリス、ギリシア、スペイン、ポルトガルが加盟し、1986年までに12か国に拡大した。1993年、ECの役割及び権限の及ぶ領域以外に新たな2領域（共通安全保障政策及び司法・内務協力）を加えた欧州連合（EU）が誕生した。1995年にオーストリア、フィンランド、スウェーデン、2004年にキプロス、チェコ、エストニア、ハンガリー、ラトビア、リトアニア、マルタ、ポーランド、スロバキア、スロベニア、2007年にブルガリア、ルーマニア、2013年にクロアチアの新規加盟を得て28か国が加盟、2020年にイギリスが離脱し、現在27か国が加盟している。

註2　アヘン禁輸を発端とする中国の清王朝とイギリスとの戦争。戦争に敗れた清は領土を奪われ、さらに賠償金の支払いや上海の開港などを課せられた。この戦争以降、欧米列強の中国進出が加速する。

註3　清王朝とイギリス・フランス連合軍との間で起こった戦争。アヘン戦争に続き清王朝が敗れ、半植民地化が決定的なものとなった。

註4　薩摩藩とイギリスの戦い。薩英戦争によって、イギリスの実力を理解した薩摩藩は以後、軍事力増強のためにイギリスと提携し始め、将来の人材育成のため、留学生をイギリスに送った。

註5　長州藩と、イギリス・フランス・オランダ・アメリカの列強4国との間に起きた戦い。長州藩は敗戦によって軍備の西洋化を進め倒幕の道をとることに

なる。

註6　実際には国費留学の他にも海外渡航が解禁される以前では長州藩や薩摩藩などの藩士の留学への強い希望から秘密裡の集団留学が行われていた（犬塚, 2001；三宅, 2001）。

註7　清朝を倒し中華民国を立てた革命。革命が勃発した1911年の干支が辛亥であったことから辛亥革命と呼ばれる。

註8　大東亜とは当時の日本政府が東アジアと東南アジアの地域に対してつけた呼称である。また、大東亜共栄圏の建設とは、欧米諸国の植民地支配から大東亜地域を解放し、日本の統轄のもと、新たな国際秩序を建設しようという、第二次世界大戦当時の日本の構想である。

註9　国際学友会は，1935年12月に外務省所管の文化団体として、外国人学生の保護善導を目的に設立された（河路, 2003）。

第2章

異文化接触に関連する
諸理論と研究動向

　本章では、メゾレベルの問題として、留学生の異文化接触に関する諸理論
と研究動向を概観する。

2.1　異文化適応

　異文化適応とは、異文化滞在者が滞在中の目標を達成することができ、ホ
スト社会において自分の居場所を見出すことを意味する（Brislin, 1981）。本
節では留学生が異文化環境下においてどのような状況に置かれているのか把
握するため、異文化適応の諸理論を概観する。

2.1.1　カルチャー・ショック

　カルチャー・ショック（culture shock）を心理学の概念として提唱した
Oberg（1960）によると、カルチャー・ショックとは、「社会的な交流にお
いて慣れ親しんだサインやシンボルのすべてを失うことによる不安により突
然引き起こされるもの」である。Torbiorn（1982）は、Oberg（1960）以降
のカルチャー・ショックに関する研究を整理し、その原因、内容、現象につ
いて以下のように述べている。第一に、カルチャー・ショックは、異文化環
境下において、新たな行動や思考が身に付く以前のホスト国の人々との交流
上の文化的相違によって生じることが示されている。第二に、カルチャー・

第1部　研究背景と先行研究

40

ショックによって、フラストレーションが生じたり、不安や困惑の感情が引き起こされたりすることが示されている。第三に、カルチャー・ショックによるストレスをうまく処理できない場合、ホームシックに陥ってしまうことが明らかにされている。一方、Ward, Bochner & Furuham（2001）は、Oberg（1960）らの示すカルチャー・ショックは困難やストレスにより引き起こされるという否定的側面を強調しているが、不慣れな環境に適応するための変化を伴う能動的な過程であると示唆している。

2.1.2　異文化適応の過程

　Lysgaard（1955）は、アメリカに滞在するノルウェー人留学生を対象として調査を行い、Uカーブ仮説を提唱している。同仮説によると、異文化適応には3つの異なる段階が存在している。まず、滞在初期の段階は、海外での新生活やホスト国の人々との接触に満足する段階である。ただし、この段階でのホスト国の人々との接触は表面的で限定的なものであり、親密な友情は育まれていない。その後次第に満足感は失われ、滞在6か月前後は、友人グループに所属していないことへの不満が高まり、孤独感が生じる危機の段階となる。しかし、さらに6か月が過ぎると、今度は友人を持ち、ホスト国のコミュニティの成員としての意識が形成される回復の段階を迎える。

　また、Gullahorn & Gullahorn（1963）はフランスに留学したアメリカ人学生を対象とした調査により、Uカーブ仮説を拡張したWカーブ仮説を提唱した。これは、異文化滞在時に加え、帰国後、第二のUカーブ曲線状の適応の過程をたどるという仮説である。

　しかしながら、Church（1982）は、これらの仮説は、過度に一般化されたものだと主張している。Church（1982）は、すべての学生が海外に滞在したての新生活において、高揚感や満足感を得るハネムーン期を経験するわけではないことを指摘している。

2.1.3　異文化適応の類型化

　Berry（1997）は異文化適応の類型モデルを提唱している。これによると、文化移動してきた人の異文化適応に対する態度と行動は、自文化を保持する

ことを重視するかどうか、ホスト社会との関係を重視するかどうかにより4
型に分かれる（Berry, 1997）。Berry（1997）による分類を整理した加賀美（2007a）
では、4型について以下のように概説している。第一に、自文化を重視しな
いが、ホスト社会との関係を重視する「同化（assimilation）」タイプである。
第二に、自文化を重視するが、ホスト社会との関係を避けようとする「分
離（separation）」タイプである。第三に、自文化もホスト社会との関係も重
視する「統合（integration）」タイプである。第四に、自文化もホスト国との
関係も重視しない「周辺化（marginalisation）」タイプである。Berry（1997）
はこの4つの類型モデルのうち、最も成功した適応型であるのは「統合」タ
イプであり、4型に分かれる要因として、ホスト社会側の受入れ方が重要だ
と指摘している。つまり、ホスト社会側に文化移動者を受入れるための制度
が確立していることや、ホスト社会の人々が異文化集団に対して、偏見や差
別が少なく、中立的で肯定的な態度をとることができている際に「統合」モ
デルは成立する。

2.2　異文化間交流

　本節では、留学生にとって、どのような接触がホスト国の人々との良好な
関係形成につながるのか明らかにするため、接触仮説について述べる。その
上で、大学キャンパスにおける異文化間交流に関する研究動向を見ていく。

2.2.1　接触仮説

2.2.1.1　接触仮説における4条件

　接触仮説を提唱したAllport（1954）によると、集団間の接触はどのよ
うな種類の接触でも好意的な感情をもたらすわけではない。偏見が低減さ
れ、集団間の接触が効果的に行われるためには、一定の条件が必要である。
Allport（1954）が示した条件のうちでも重要な条件は、第一に、互いが対等
な地位関係にあることを示す「対等な地位」である。第二に、互いに共通の
目標を持ち、協力して行う作業のことを示す「協働」、第三に、接触を行う
ことが、政府や教育機関といった組織に積極的に支持されることを示す「社

第1部　研究背景と先行研究

会的及び制度的支持」、第四に、接触が互いの関係性を発達させるのに十分な頻度、期間、及び密度の濃さを持つことを示す「親密な接触」である（Allport, 1954；ブラウン，1999；Pettigrew & Tropp, 2006）。「接触仮説」は後続の研究においても中核とされている。例えば、Pettigrew & Tropp（2006）は接触仮説について合計515の先行研究のメタ分析を行い、通常4条件が揃った際は肯定的な接触効果が高まることを述べている。

　また、社会心理学の分野では、友人関係形成において社会的地位が対等であることの重要性が示されている。アーガイル・ヘンダーソン（1992）は、自分と友人の関係が同等で衡平なものだという知覚が友人関係の存続や性質において重要であることを示唆している。また、Blieszner & Adams（1992）は社会階層が異なる者同士では友人関係のパターンが異なることや、社会階層が不同等であると力関係が生じやすいことなどから、友人になりにくいことを示している。これらは、Allport（1954）の第一の条件である「対等な地位関係」と同様に友人関係構築における対等な地位関係の重要性を示す研究であると考えられる。

　国内の研究については、高井（1994）は留学生が日本人との親密な接触が多いほど、日本人からの差別的な態度を感じにくいことを明らかにしている。また、加賀美（2006a）は留学生と日本人学生を対象に、接触仮説を理論的枠組みとした協働的活動が多文化理解態度に与える効果を検討している。その結果、協働的活動は創造性、言語学習の重視、積極的傾聴に影響を与えることを示している。さらに、永吉（2008）では、学校や職場、地域活動において日本人が在日外国人と表面的な接触をした場合、外国人に対するステレオタイプにおいて適合的な要素が強く知覚され、偏見を増す場合があるが、接触仮説の4条件の揃った接触である場合には、偏見が抑制される結果が示された。これらの研究結果は、概ね接触仮説を支持するものであるといえる。

　これらの研究に加え、接触仮説に新たな条件を付加する検討も行われている。例えば、Pettigrew（1998）は第五の条件として、「接触状況における友情を育てる機会の確保」を加える必要性を指摘している。また、Pettigrew & Tropp（2006）は接触仮説における4条件のうち社会的および制度的支援は、正の接触の効果を促進するために特に重要な条件であることを示してい

る。さらに、Pettigrew, Wargner & Christ（2010）は、ホスト側と移民の間で肯定的な集団間接触が行われる場合、偏見が軽減されるが、ホスト側が外国人の増加を脅威だと感じる場合には、偏見が増すことを示している。

2.2.1.2　間接的接触仮説

Wright, Aron & Mclaughlin-Volpe & Ropp（1997）は接触仮説をもとに間接的接触仮説を提唱し、理論化した。同仮説によると、外集団成員の友人を直接持たなくても他の内集団成員が外集団成員と友好的関係を築いていると認識すると、その外集団に対して肯定的意識を持つ。他に、間接的接触の効果に関する研究には、Eller, Abrams & Zimmermann（2011）の研究がある。Eller et al.（2011）は、イギリス留学中の留学生の友人のうち、留学生の出身国在住で、イギリス人との直接接触を持たない者を対象として調査を行った。その結果、留学生からの伝聞を通し、留学生がイギリスの人々と好意的な接触をしていると認識する者は、イギリス人を好意的に評価することが示された。

　一方、国内では間接的接触の効果を検討した研究はいまだ少ないが、黄（2013）は中国人日本語学校生を対象に、日本人の友人が少なく、間接的接触を通して中国人と日本人の関係が友好的でないと認識する者はアルバイト先での処遇に対し、被差別感を持つ傾向があることを示している。

　以上のことから、「接触仮説」及び「間接的接触仮説」は異文化集団間の肯定的接触のあり方や接触・交流の指標を提示していると考えられる。

2.2.2　大学キャンパスにおける異文化間交流

　大学キャンパスにおける異文化接触について、留学生とホスト国学生との友人関係は構築されにくく、留学生の友人関係は同国出身者同士の関係に限定されやすいことが多くの研究により報告されている（Kang, 1974；Klein et al, 1981；Church, 1982；Trice & Elliot, 1993）。

　海外の研究では、例えばBochner, McLeod & Lin（1977）はアメリカの大学に所属するアジア系留学生で渡米して1年から1年5か月の留学生を対象に友人関係の特徴について調査を行い、留学生が親友とみなしているのが同

第1部　研究背景と先行研究

国出身の留学生である場合が43%、ホスト国学生である場合が29%、他国出身の留学生である場合が27%で、最も親友になりやすいのは同国出身の留学生であることを示した。また、Kang（1974）は、アメリカの大学に所属する台湾人留学生のうち67%以上が、アメリカ人学生よりも同国出身の留学生との友人関係のほうが良好だと認識していることを示している。さらに、Ying（2002）では、アメリカの大学に留学して14か月後の台湾人留学生を対象に友人ネットワークを調査し、留学生のうちの53%がほぼ同国出身の友人しか持っていないことを報告した。また、Trice & Elliot（1993）はアメリカの大学で学ぶ日本人留学生のうち、アメリカ人学生と日常的活動を共にする者はわずか7%、学習活動を共にする者はわずか5%にとどまっており、大半の日本人留学生が同国出身の留学生と大学生活を過ごしていることを示している。さらに、Pavel（2006）では、アメリカ人学生の81%が外集団よりも内集団のメンバーと友人関係を築いており、内集団との関係のほうが重要だと認知している傾向が示されている。

　一方、国内の研究でも、概ね海外の研究と同様に留学生とホスト国である日本の学生の交流が円滑に進んでいないことが示されている。例えば、上原（1998）では、来日して3か月から6年10か月までの留学生について、学内に日本人学生の友人がいない者は48%、学内にも学外にも信頼できる日本人の友人がいない者が37%いることが報告されている。さらに、横田・田中（1992）は、留学生の友人ネットワークについて調査を行い、中国人留学生は対象者の留学生のうち最も同国人同士の付き合いが多く、友好関係が同国出身者に偏っていることを報告している。

　また、2000年代以降の研究では、石倉・吉岡（2004）は、来日して1年未満から3年以上の留学生について、半数近くが日本人学生と互いに家を訪問し合ったり、何でも話したりできる関係に至ってないことを報告している。さらに、戦（2007）では中国人留学生のうち6割以上が日本人学生との交流は個人的な問題には触れない挨拶程度にとどまっていて、自国の友人同士のほうがより親しい関係を持っている傾向が示されている。これらより、大学キャンパスでは、異文化間の友人関係の構築が難しいと推測される。

2.3 原因帰属

前節では、留学生の異文化間交流が円滑ではない現状が示された。本節では、留学生は、ホスト国の人々との接触が良好ではない場合にその原因をどのように帰属させるのか、ホスト社会をどのように認知するかということに着目したい。そのため、ここでは原因帰属に関する諸理論と留学生の原因帰属、留学生のホスト社会に対する否定的な認識に関する研究動向について述べる。

2.3.1 原因帰属に関する諸理論

Heider（1958）の原因帰属理論によると、ある出来事の結果をどのように帰属するかは、自己の能力や意思などの個人要因と状況や偶発性などの環境要因の2要因の相互作用により決定されるという。後続の研究として、Ross（1977）は、一般的に、個人が他者の社会的行動の原因を推測する際、状況や環境といった外的要因を十分に考慮せず、個人の属性や特性といった内的要因に過度に帰属させる傾向を基本的な帰属の誤り（fundamental attribution error）として示した。Ross（1977）のモデルを基盤として、帰属の誤りやバイアスについての理論が検討されているが、そのうち Canary & Spitzberg（1990）は、自己の行動が成功した場合には自己の能力や努力などの内的要因に、自己の行動が失敗であった場合には運や課題の困難さなどの外的要因に帰属させやすい傾向を示している。

また、Pettigrew（1979）によると、Ross（1977）の提唱した帰属判断における誤りは、個人に対する判断だけでなく個人が属する集団全体に対する判断にも及ぶ。つまり、自分が所属していない外集団の人々の好ましくない行動に関しては外集団の人々の態度や能力などの内的要因が原因とされやすく、好ましい行動については環境や状況などの外的要因が原因とされやすい。一方、通常自分が所属している内集団の人々の好ましくない行動に関しては、外的要因が原因とされやすく、好ましい行動については内的要因が原因とされやすい。

このような集団間の帰属の誤りを実証する研究として、Tajfel & Billig

（1974）は集団への愛着や帰属意識から、内集団成員は自集団の成員に対してより好意的な態度をとり、外集団成員に対しては非好意的な態度をとる「内集団ひいき」が生じることを実証している。さらに、Ariyanto, Hornsey & Gallois（2009）は、集団間葛藤の要因を探るため、インドネシア人のキリスト教徒集団、イスラム教徒集団を対象に両集団間の仮想の暴行事件に対する原因帰属を調査したところ、両集団ともに外集団の行為である場合に外集団の人々の性格等の内的要因により原因を帰属させていた。

　これらの研究が示す帰属の誤りやバイアスが生じる理由は、内集団の肯定的な印象を維持したり、偏見などの外集団の否定的な印象を形成・維持したりするためだと考えられている（Pettigrew, 1979）。さらに、大渕・小嶋（1999）は葛藤解決のための方略選択と帰属の関連を検討し、個人的利益と結びつく利己心帰属をする人々と、対立者が自分に対して個人的に敵意を持っていると自覚する敵意帰属をする人々は主張的方略と攻撃方略を選択することが多いことを示した。また、Blieszner & Adams（1992）によると、葛藤が生じた場面で、葛藤を曖昧な状態にし回避した場合や、敵対関係を結んだ場合には、友人への信頼感や満足感が低下するという。つまり、他者の行動に原因を感じるとき、人は攻撃的になりやすく（大渕, 1982）、葛藤の解決が困難になると考えられる。

2.3.2　留学生の異文化間の対人関係における原因帰属

　留学生の原因帰属について、田中（1995）は、留学生が日本人との対人関係において困難を感じる際に、日本人側の知識や態度などに原因があるとする傾向を示している。さらに、加賀美・大渕（2004）は、中国人学生、韓国人学生、日本人教師が葛藤原因を文化要因、学生の個人要因、教師の個人要因のうち、どの要因に帰属させ、帰属がどのような葛藤解決方略の選択につながっていくかを検討している。その結果、外国人学生が文化要因に原因を帰属させる場合は回避方略、学生の個人要因の場合は協調方略、外集団成員である教師の個人要因の場合は対決方略をとりやすいなどの傾向を明らかにしている。加えて、黄（2013）では、中国人留学生がアルバイト先における被差別感についてその原因が日本人側にあると認識する場合、対決行動をと

り、原因が自分自身にあると認識する場合、服従行動をとることが明らかにされている。つまり、外的な原因帰属が、他者に対する否定的な行動へ移行する可能性が示されている。

2.4 留学生のホスト社会に対する認識と日本・日本人イメージ

2.4.1 留学生のホスト社会に対する否定的認識

Brown（2009a）は、イギリス社会において10代の若者がアジア出身者に対して差別的行為をとる問題を挙げ、実際にアジア出身の留学生がヨーロッパ系白人の学生から差別的な発言を受けたり、その態度を差別的に感じたりしていることを指摘している。国内の研究においても類似する問題が挙げられている。例えば、留学生がホスト国において偏見や差別を敏感に感じ、日本人との接触に萎縮してしまうことや（中野，2006）、日本人の欧米志向とアジア蔑視の態度（岩男・荻原，1988；坪井，1994）が留学生と日本人学生の交流を阻害していることが指摘されている。また、柴田（2009）は留学生が感じる日本人学生側の問題として、排他的に映る態度や偏見を挙げている。

さらに、Brown（2009a）によると、ホスト国の学生は一般的には留学生を否定的に認識していないが、留学生はホスト国から疎外されていると感じるため、留学生同士や同国人同士の間での結束を強めていくという。

これらの研究からは、留学生がホスト国やホスト国住民に対する否定的な認識が示唆されている。

2.4.2 留学生の日本・日本人イメージ

日本に滞在している留学生は日本や日本人住民に対してどのようなイメージを持つのか、様々な観点から研究が蓄積されている。対日イメージの研究では、社会、文化、政治、外交、経済、風土、歴史、科学技術など日本国家全体に関するイメージや日本人への感情や印象、日本人の認識など日本人一般に関するイメージが調査されている（劉，1998；葛，2007；加賀美，2013b）。

第1部　研究背景と先行研究

日本イメージの研究には、日本イメージと日本人イメージを区別せず統合的に検討した研究と、日本人イメージのみを分析対象とした研究がある。これは、イメージは人の過去の体験により心の中につくられ、蓄えられており、人は必要に応じて心の中から複数のイメージを取り出し合成・比較し操作している（中沢, 1979）ため、分析対象を日本イメージとした場合、日本と日本人へのイメージの両方が区分されずに抽出されることがあるからだと考えられる。

　留学生の日本・日本人イメージについては出身地域により異なる傾向が示されている。留学生の日本人イメージの先駆的研究である岩男・荻原（1988）では、留学生の出身地域による日本人イメージの差異について、「親和性」に関するイメージは、欧米系留学生のほうがアジア系留学生より高いこと、「先進性」に関してはアジア系のほうが欧米系留学生より高いこと、「勤勉性」「信頼性」に関しては差異がないことが示された。また、佐々木（1996）は、日本人に対するポジティブなイメージとして、中国人留学生と韓国人留学生に共通し「きれいな」「まじめな」「礼儀正しい」というイメージがあり、ネガティブなイメージとして共通し「はっきりものを言わない」「形式ばった」「けちな」というイメージがあることを示している。

　2000年代以降の研究としては、安（2010）は、韓国人留学生、台湾人留学生、中国人留学生に共通した日本人や日本社会へのイメージとして、親切で礼儀正しい、ルール順守、仕事熱心、親切だが冷たい印象、外国人への特別視の5つを挙げている。同研究によると、台湾人留学生と中国人留学生に共通した対日イメージは、日本の技術や製品についてであり、韓国人留学生と中国人留学生に共通した対日観は、性に対する開放性であることが示された。加賀美（2013b）では、韓国と台湾の小学生・中学生・高校生・大学生を対象に質問紙調査や九分割統合絵画法で日本イメージを検討している。質問紙調査については、SD法により日本イメージを示す形容詞について回答を求めた結果、韓国では「親和性」「集団主義的先進性」「開放性」「強さ」、台湾では「温厚さ」「先進的影響力」「信頼性」「近接性」の因子が得られ、全体的に台湾のほうが肯定的イメージ構造である傾向が見られた。また、九分割統合絵画法を用いた分析では、韓国と台湾に共通し、日本統治による過去の歴

史的経緯に影響を受けたイメージと日本の現代的な大衆的イメージが見られ、そこには否定と肯定が混じったアンビバレントな感情が示されていた。また、韓国と台湾の小・中・高・大学生の共通点として小学生の時期は知識が少なく未分化といえ、中学生の時期が分水嶺で、韓国は否定的イメージを、台湾は肯定的イメージを形成させ、その後、高校生・大学生の時期にイメージを定着させていた。

　さらに、加賀美・守谷・岩井（2014）は、韓国の20代の日本語上級話者の日本イメージについて調査し、日本人や日本文化との積極的な接触経験を持つ対象者には、日本社会や日本人の内面に踏み込んだ多様な日本イメージの側面が見られることを示した。また、アンビバレントな感情については、大衆文化による肯定的イメージに、歴史教育による否定的イメージが付加され、対象者の内面に両者が混在している様相が示された。また、田中・岡村・加賀美（2015）では、台湾出身日本語上級話者の日本イメージについて調査し、日本社会と日本人気質について好意的理解と違和感、人間関係の重視と困難などそれぞれ肯定・否定の相反するイメージが示され、所属・立場別に交換留学生（学部生）の肯定的イメージが最も高く、次いで大学院生であり、社会人の肯定的イメージが最も低いことが示された。

　次に、中国人留学生を対象とした調査に関しては、まず、歴史教育と日本イメージの関連についての研究がなされている。宮脇・姚（2005）の研究では、日本の中国侵略の歴史認識が、植民地体験者及び戦後の教育を受けた中国人の対日観形成に影響を与えていることが示されている。同研究によると、戦後教育を受けた人では「日中関係史」について学校で学んだことの中で、「日本が中国を侵略し、中国人に多大な損害・苦痛・屈辱を与えた」と認識する人が89％、「軍事（政治）侵略だけでなく経済侵略・文化侵略を行った」と認識する人が67％に上った。さらに、7割以上が「民衆殺害」「婦女子凌辱」「略奪」行為について、家庭や学校で聞かされている。また、鄭（2008）は中国の歴史教科書では、日本の中国侵略と残虐な行為についての記述が多く、戦後の日中関係についての記述が欠落しているため、中国人の否定的な日本観が形成される傾向を明らかにしている。こうした歴史教育が日本に対する負のイメージを形成する背景要因になっていることが考えられる。一方、黄・

第1部　研究背景と先行研究

50

小松・加賀美（2014）では中国人留学生の領土問題に関する日本イメージについて検討し、日本人と中国人に対して肯定・否定の両面を持ち合わせる二律背反的な認識を持っている傾向が示された。

　さらに、中国人留学生を対象とした調査について、日本イメージとマスメディアの影響についても研究が蓄積されている。楊・橋元（2010）では、中国の戦争映画等において以前から形成された日本人のマイナスイメージが依然として残る点を示している。同研究によると、中国の若い世代の間で普及しているインターネットのウェブ上では、日本のアニメーションに関する情報が多く提供されており、日本のアニメーションへの興味と好感に関する書き込みが多いが、現実社会では日本文化好きということを公的に言いづらいという認識があることが示唆されている。また、李（2005）は中国人留学生が来日後に持つ日本イメージについて、日本人との直接接触を持つことができない中国人留学生の場合、日本イメージは日本国内におけるテレビやインターネット等のマスメディアとの接触により補填され、形成されることを示している。さらに、石鍋・安（2023）では、コロナウイルス感染拡大下における日本未渡航の交換留学生の対日観について質的な検討を行い、異文化理解や交流が制約されるため、SNSやオンライン教室などを通じた情報が留学生の対日観に影響を与えていることが示された。また、留学生の留学経験と日本イメージについては、岩男・荻原（1988）の調査が先駆的研究として挙げられる。同研究では、留学生の日本イメージとして「親和性」「勤勉性」「信頼性」「先進性」の4つが見出され、留学経験によって「信頼性」と「勤勉性」のイメージは強まるが「親和性」のイメージが低下していることが示されている。また、岩男・荻原（1988）の調査から15年後の2000年の、葛（2007）の研究では、日本イメージとして「親和性」「勤勉性」「先進性」の3つが見出され、留学3か月後に日本に対する「勤勉性」「先進性」の評価が低下していることが示された。葛（2007）は、その原因を中国人留学生は留学前、期待が膨らみイメージが高くなるが、留学後、抱いていたイメージがより現実的に修正され、カルチャー・ショックにより低下していくからだと推測している。また、劉（1998）では、日本留学帰国者を対象とし、留学前後の対日好感度の変化について調査している。その結果、「日本が好きに

なった」が61％であるのに対し、「日本人が好きになった」は2分の1程度の35％であった。加えて、「日本が前より嫌いになった」がわずか4％であったのに対し、「日本人が前より嫌いになった」は「日本が前より嫌いになった」の約3倍の13％であった。

　一方、李（2005）の中国人留学生を対象としたインタビュー調査では、日中両国間に歴史的負の遺産に由来する「好戦的」「残忍」などのマイナスイメージがほとんど語られず、日本人男性に対するイメージと日本人女性に対するイメージに差異が見られた。すなわち、日本人女性に対するほうが「優しい」「善良」など肯定的イメージが語られた。

　留学生の日本語能力と日本人イメージの関連については、岩男・荻原（1988）では、日本語力の乏しい留学生ほど、「親和性」を高く評価しており、日本語力の高い留学生ほど「先進性」を低く評価する結果が出ている。浅井（2020）は加賀美（2013b）と同様に、九分割統合絵画法を用い、大学別科日本語教育課程に在籍する留学生を対象に分析を行っている。その結果、全体的には中立のイメージを抱く者が多いものの、日本語能力別に見ると上級の学生は日本に対してマイナスのイメージを抱く割合が最も高く、岩男・荻原（1988）と類似する結果が示された。一方、中国人留学生を対象とした葛（2007）では、ポジティブ群は来日前に日本語を学習しており、ネガティブ群は未習であった。

　留学生の日本人との対人関係と日本イメージの関連については、葛（2007）の研究では、「親和性」への評価が高いほど対日感情がポジティブで、対人関係がうまくいくことが示され、勤勉性を高く評価するほど対日感情がネガティブになり日本語によるコミュニケーションや対人関係に問題を感じることが示されている。同研究では、日本での生活体験やファッションやドラマなど日本の大衆文化、中国に興味のある日本人の友人との交流による日本に対する好感が見られる一方で、歴史問題に対する不信感の葛藤が見られた。また、鄭（2008）は中国人留学生の来日前の対日観について調査し、来日前に日本人との接触が多いほど、肯定的イメージが多いが、来日前に日本人との接触が余りない場合は否定的イメージや中立的イメージが多い傾向を示した。

第1部　研究背景と先行研究

さらに、加賀美・朴・岡村・小松（2015）及び加賀美・黄・小松（2016）では、日本イメージと国民意識と年代との関連が示されている。加賀美他（2015）では、韓国の国民意識と日本イメージの関連について、国家的優越性を重視する人は、日本の攻撃性が高いというイメージを持ち、外国への開放という国民意識を重視する人は日本の規則順守、科学技術における先進性が高いと認識している傾向が示された。また、「災害・社会問題の深刻化」の日本イメージは年代が上がるにつれ高くなり、「信頼性」は14歳から20歳までが低く、25歳から29歳以降は高くなる傾向が認められた。一方、加賀美他（2016）では、台湾の日本イメージと国民意識について、国民意識の「外国に対する開放性」が、「集団主義的先進性」「自己表現の抑制」「自然災害」「独自性重視」の日本イメージに共通して影響を与えていた。年代間比較では「親和的開放性」は20代が最も高く、40代が最も低く、「攻撃性」および「頻発する自然災害」のイメージは年代が高いほうが持ちやすかった。

　このように、留学生を対象とした日本イメージの研究では、歴史教育、マスメディア、日本での留学経験、日本人との対人関係、日本語能力、国民意識などが日本イメージ形成に影響していることが先行研究によって示されている。

2.4.3　留学生の友人関係に関する原因帰属と日本・日本人イメージの関連

　留学生がホスト住民との対人関係や友人としての付き合いについて原因帰属をどのように行い、それが日本イメージとどのように関連しているのかということについて検討を行った研究は管見の限り見当たらないが、関連する研究として、留学生が日本人から差別的な態度や行動をとられたと認識する場合に、日本イメージにどのような影響があるのか検討が行われているものがある。福田・森（1996）は、中国人留学生は被差別経験がある場合、「友好的」「あたたかい」「誠実」など日本人の人格や倫理感のイメージが低く、日本人をネガティブに評価することを示した。また、李（2005）の研究においても同様に中国人留学生が差別を経験することで日本人をネガティブに評価する結果が出ている。

さらに、先述の葛（2007）では、留学生の友人関係と日本イメージの関連について、来日後、日本イメージが上昇したポジティブ群は、生活や勉強等で友人関係を楽しみ、ホスト国の友人との交流を積極的に評価していた。一方で、日本イメージが下降したネガティブ群は、友人の数が少なく、付き合いにくさを感じていたことが示された。また、李（2005）では、日本人の友人が多く、付き合いが深い留学生ほど、日本人について「親切」「信頼できる」「礼儀正しい」「素質が高い」「人情的」などプラスイメージが見出されている。以上のことから、留学生が友好的な関係を形成している場合には、日本人イメージはポジティブなものになるが、友人関係が形成できなかったり、否定的な出来事を体験している場合には、日本や日本人イメージはネガティブなものになることが示唆されている。

　以上のとおり、第2章ではメゾレベルの問題として留学生の心理的側面に焦点を当て、異文化接触に関する諸理論と研究動向を見てきた。第3章では、ミクロレベルの問題として、個々の留学生の友人関係に関連する諸理論と研究動向について見ていく。

第1部　研究背景と先行研究

第3章

友人関係に関連する
諸理論と研究動向

第3章では、ミクロレベルの問題として、留学生の個別の友人関係に関する諸理論と研究動向について見ていく。

3.1　友人関係と適応

本節では、友人関係と適応との関連に関する諸理論と研究動向について概観する。大学生を対象とした学校適応と友人関係に関する研究は、大学生と同様に青年期にある留学生の友人関係を検討する上でも参考になるため、大学生の学校適応と友人関係の関連について概観する。次に、留学生の異文化適応の諸理論については第2章で述べているが、ここでは、留学生の異文化適応と友人関係の関連について概観する。

3.1.1　大学生の友人関係と学校適応

本項では、大学生の友人関係と学校適応との関連について、国内外の研究動向を概観する。まず、海外の研究を見てみると、Tokuno（1986）は、友人には理解者、アドバイザー、批判者、ロールモデル、仲間としての機能があることを示し、友人を持つことが、人生の移行期における困難やストレスを克服するサポート源になる傾向を明らかにしている。また、Buote, Pancer, Pratt, Adams, Birnie-Lefcovitch, Polivy & Wintre（2007）では、大

学の新入生が友人関係を築くことが大学への適応を促す傾向を明らかにしている。さらに、Feldt, Graham & Dew（2011）は、大学生の大学への適応について調査し、友人の人数が少なく、友人をつくるための社会的スキルが低い学生は、他者との協同的な学び、ソーシャルサポートの使用、個人間の問題解決の経験が少ないことを示している。

　一方、国内の研究においても友人関係と精神的健康、大学への適応との関連に関する研究が多く行われている。高倉・新屋・平良（1995）は、大学生の友人関係満足度と生活全体の満足感との間には正の関係があり、友人関係満足度が高いほど精神的健康が保たれていることを明らかにしている。また、中村・松井・田中（2011）は、大学に適応することへの影響要因は入学目的、授業理解、友人関係であり、そのうち友人関係が充実している者は、入学目的が不明確であっても大学への適応が促進されやすいことを明らかにしている。さらに、松本・前野（2010）は多様な交友関係を持つことが主観的幸福感を高める傾向があることを示している。

3.1.2　留学生の友人関係と異文化適応

　前項では、留学生と同様に青年期に当たる大学生を対象とした学校適応についての研究を見てきたが、本項では留学生の友人関係と異文化適応の関連についての研究動向を概観する。留学生研究においては、一般的に、留学生はホスト国学生よりも生活一般における適応の困難を抱えやすい傾向が示されている（Church, 1982）。そのため、どのような要因や条件が揃えば異文化適応を促進するのか、検討がなされてきた。例えば、Church（1982）は異文化適応に関する先行研究を整理し、多くの先行研究の知見からホスト国の人々との異文化間交流が異文化適応の促進に効果的だと結論づけている。また、Brislin（1981）は異文化適応の中心概念として、第一に「個人の満足」、第二に「強度のストレスがなく日常生活が機能していること」、第三に「ホスト社会の人々から受入れられていること」を挙げている。

　2000年代以降の研究では、Menzies & Baron（2014）は、オーストラリアに滞在する大学院留学生のうち、異文化移行が円滑に行われ適応が良好な留学生の中の約6割が、留学後、新たな友人をつくっていたことを示した。また、

Pavel（2006）は、アメリカに滞在する留学生のうち、アメリカ人学生の友人との交流がある者ほど、幸福感が強い傾向を示している。さらに、Page-Gould, Mendoza-Denton, Alegre & Siy（2010）はアメリカ人大学院生を対象に、エスニシティの異なる集団間において親密な友人関係が形成される場合、自己効力感や自尊心が高まる傾向を示した。

　一方、国内の研究においても同様の効果が示されている（田中，1998；譚・渡邊・今野，2011）。例えば、岡崎（1992）はオーストラリア人留学生を対象に、滞在中のホスト友人との交流やホスト友人からの理解・励まし・強い絆が異文化適応を促進する要因となることを示している。また、工藤（2003）は留学生の友人関係と適応の関係について調査している。その結果、同国出身者の友人を持たず、ホスト国や他国からの留学生との親密な友人関係を持つ留学生は異文化の学習と異文化アイデンティティの形成が促進されること、同国出身者、ホスト国、他国の多国籍の友人ネットワークを持つ留学生は自文化を保持しながら、異文化での生活によって不安定になりやすい文化的アイデンティティを友人との交流を通して調節できることを示している。さらに、園田（2011）は短期交換留学生を対象に、友人関係の形成は異文化適応に影響を及ぼす重要な要因であることを示している。

　また、Patron（2014）はフランス人留学生が友人から得たソーシャルサポートと異文化適応の関連についての自身の調査と先行研究を整理している。その結果、異文化間の友人関係が形成され、ソーシャルサポートを得ることができる場合には適応に成功するが、友人関係が形成されない場合にはカルチャー・ショックに陥り、ホームシック・孤独・心身の苦痛・学業的ストレスにさらされる傾向が見られた。これらの研究からは、ホスト国の友人との良好な関係が留学生の異文化適応を促進することが示されている。

3.2　留学生の友人関係に関連する問題

　前節では、大学生・留学生のいずれにおいても友人関係の構築が適応を促進する効果を持つことについて述べた。本節では、友人関係の構築に関連する問題について、これまでの先行研究では主に言語・コミュニケーション、

文化、環境の３つの側面から問題が報告されているため、この３点に基づき概観する。

3.2.1　言語・コミュニケーション

　友人関係の問題として、まず留学生の言語運用能力の低さが障害となることが指摘されている。海外の研究として、Kang（1974）は、中国人留学生のうち、英語の能力に自信がない者は、誤解を恐れるため、アメリカ人との相互交流をためらうことを指摘している。また、Barker, Child, Gallois, Jones & Callan（1991）は、オーストラリアのアジア人留学生は、言語上の困難がある場合に、チューターや研究のアシスタントとの関係を積極的に構築しようとしないことを述べている。さらに、ホスト国言語の会話能力が高い場合には、異文化間の友人関係が構築しやすいこと（Church, 1982）、留学生の言語能力が高い場合、ホスト国学生とのコミュニケーションへの自信が強まること（Klein, Alexander, Kwo-Hwa, Miller, Eng-Kung & Hung-Ming, 1971）も指摘されている。

　一方、国内の研究では、留学生と日本人学生の双方の言語面や相互のコミュニケーション上の障害が指摘されている（横田，1991；柴田，2009）。例えば、加賀美（2001）は、異文化間の友人関係構築の障壁について整理し、障壁の一つとして「スキルの壁」を挙げ、言語やトピック、接近の仕方などがわからないため、留学生と日本人学生の双方がどのように交流すればよいのかわからないことや、コミュニケーションへの戸惑いについての問題を指摘している。また、坪井（1994）は「異文化コミュニケーション自体の問題」を挙げ、状況や背景情報を仲間内で共有し、言葉で説明し合わなくても理解し合うことができるという前提に立つ高コンテクスト文化を持つ日本のコミュニケーションスタイルと、仲間内で共有される情報が少ないため、言語で説明することを重視しコンテクストに依存しない低コンテクスト文化を持つ異文化間のコミュニケーションスタイルが一致しないことが問題となることを述べている。さらに同研究は、日本人学生側の問題として、対人関係能力が不十分であることを挙げている。加えて、神谷・中川（2007）は留学生と日本人学生を対象に協働活動についてインタビュー調査を行い、留学生が感じる

第１部　研究背景と先行研究

コミュニケーション上の困難として、日本人学生の言語表現の不明瞭さ、討論ができないこと、日本語能力不足への配慮がないこと、異なる意見への不寛容さなどを指摘している。一方、日本人学生の感じるコミュニケーション上の困難としては、日本人学生の発言に対する留学生の理解の程度への判断が難しいことや留学生は空気が読めないこと、留学生の直接的表現などを指摘している。また、柴田（2009）は、留学生が認知する日本人学生との対人関係形成の阻害要因として、留学生が日本人学生との間で話題を見つけることの難しさ、留学生が日本人学生により提起される話題に違和感を持つ傾向を示している。

　つまり、言語・コミュニケーション上の問題としては、第一に、留学生側の問題として、実際に言語・コミュニケーション上の困難を感じたり、自身の言語能力が低いと感じたりしているため留学生側から積極的にコミュニケーションをとれない問題が見られた。第二に、ホスト国学生側が異文化間コミュニケーションに精通していないという問題が見られた。第三に、留学生とホスト国学生双方に起因する問題としてコミュニケーションスタイルの違い、コミュニケーションへの不安や心理的負担によって障害が生じている問題が見られた。

3.2.2　文化

　文化と友人関係の関連については、まず、国外の研究では留学生がホスト国の文化に精通していないことが友人関係構築上の障害になると報告されている（Ying, 2002）。イギリスの大学に所属する留学生を対象に調査を行ったBrown（2009b）は、留学生にとって、ホスト国学生は文化の仲介者となりうるが、ホスト国学生との接触が少ない場合には、ホスト国の文化や社会事情について観察でしか学ぶことができず、交流不全の悪循環に陥ることを述べている。また、Antler（1970）では留学生の母国文化とホスト国の文化の間の差異が大きいほど異文化間の友人関係構築が困難になることが示唆されている。

　さらに、Church（1982）によると、友人や仲間の概念は文化によって異なるという。この概念の相違に関連する調査として、Gareis（2010）は、ドイ

ツ人留学生とホスト国のアメリカ人学生の友人関係について調査し、ドイツ人留学生は友人の中心概念を親密でプライベートな関係を持つことだと認識しているが、アメリカ人学生は友人の中心概念を表面的な軽い関係を持つことだと認識していることを示した。このことから、ドイツ人留学生がアメリカ人学生と友人になろうとする際、自己開示等によりプライベートな関係を築こうとするが、アメリカ人学生は短い期間、活動を共にすることで軽い関係を築こうとするため両者の間で混乱と誤解が生じ、友人関係の構築が困難になっていることを報告している。

　また、Rienties, Heliot & Jindal-Snape（2013）は、イギリスに滞在する留学生を対象に、イギリスの文化と類似する文化圏であるヨーロッパ出身の留学生はヨーロッパ以外の出身の留学生よりもイギリス人学生と友人になりやすい傾向を示した。さらに、Pavel（2006）はアメリカに滞在する留学生を対象に、留学前にアメリカでの滞在経験がある者ほど、アメリカ人学生との交流が円滑に行われやすいことを示している。

　一方、これらの研究と相反する結果を示す国外の研究として、Ma（2014）の研究が挙げられる。同研究では、台湾に滞在する留学生のうち、中華圏出身の留学生は同国出身の友人をつくりやすく、非中華圏出身の留学生は台湾人の友人を持ちやすい傾向を示している。なぜ非中華圏出身の留学生のほうがホスト国である台湾の友人をつくりやすいかということについて、Ma（2014）は非中華圏出身の留学生のほうが、言語上の障壁や文化的差異が大きいが、関係形成に対してより一層努力をしているからだという。

　さらに、Pavel（2006）は、留学生とホスト国学生の間で友人形成の条件が異なることを示している。同研究は、アメリカ人学生とアメリカに滞在する留学生を対象に、交流上の障害及び交流相手の友人形成への努力に関する認知と友人形成の関連を検討している。その結果、アメリカ人学生のうち、交流における障害を感じず、留学生が友人形成のために努力していると認知する者ほど留学生と友人になりやすい傾向が示された。一方、留学生の場合、交流における障害を認知し、障害を乗り越えようと自身が努力し、アメリカ人学生側も努力をしていると認知する者ほど、アメリカ人学生の友人との関係に満足する傾向が示された。

第1部　研究背景と先行研究

国内の研究では、新倉 (2000) は、留学生と日本人学生チューターを対象に、友人関係の形成に及ぼす要因について調査し、チューターの「異文化への関心」が最も重要な友人形成の関連要因であることを示している。また、上原・鄭・坪井 (2011) は、日本・中国・台湾の大学生の友人観の差異に関する調査を行っている。その結果、友人観は3者間で異なり、友人関係で最も社会的距離が近く、深い信頼感を持ち、他者に面目配慮をしつつも儀礼的でなく、率直な意見表明をすると認識したのは中国人学生で、次いで台湾人学生、日本人学生と続いていた。つまり、友人や友人関係の概念には文化的相違があると考えられる。

　また、横田 (1991) は、日本人学生と留学生は、友人形成アプローチが文化的に異なり、留学生は個人的なアプローチを行い、一対一の関係から友人関係形成を行おうとするが、日本人学生は集団に参加することで、自然に友人関係を形成する方法を好む傾向があることを示している。坪井(1994)は、「留学生文化と日本人学生文化のミスマッチに起因する問題」は、留学生文化では積極的な自己開示により関係開始を目指すが、日本人学生文化では私的自己を隠し他者に対して相互依存的に接することであると述べている。

　加えて、神谷・中川 (2007) では、まず、時間の感覚の違いが指摘されており、留学生側は国際交流サークルにおいて、会議が長いと感じ、日本人学生側は留学生が時間を守らないと感じていることが示されている。また、対人関係において留学生は日本人学生の先輩後輩の上下関係の認識や日本人学生の自己開示のなさが理解できず、日本人学生は、留学生の友人関係が過剰に親密で、お礼の表現が不十分であると認識していることを挙げている。

　つまり、文化面の問題は、第一に、留学生は異文化環境に置かれるため、ホスト文化に精通していないこと、第二に、留学生のみではなく、ホスト国学生も文化的価値観の差異から様々な対人関係上の困難を感じていることであるといえる。

3.2.3　環境

　環境と友人関係の関連については、Ying (2002) は大学キャンパスに同国人が少ない環境の場合には、異文化間の友人関係構築が促進されるが、同国

人がキャンパスに多い場合には、友人関係構築が阻害されると指摘している。また、先述の Rienties et al.（2013）は、留学生のうち同国出身者の数が多い中国人留学生の場合には、同国出身の留学生同士で友人になりやすく、同国出身者が少ない留学生のほうがホスト国の友人を持ちやすいことを示した。

　さらに、国内の研究では、加賀美（2001）は、先述のスキルや文化面の障壁以外に、学内で互いの存在を知らないことや学内の多様な対人ネットワークが希薄なため情報が伝達されないことに関する「情報の壁」、出会う場所や時間がないことに関する「環境的障壁」、知らない相手への不安や遠慮、摩擦の恐れ、気後れなど「心理的な壁」を挙げている。また、先述の江淵（1997）は、留学生だけが別科や特別プログラムに入る分離的な処遇がとられていること、大学の留学生担当者や研究者が留学生のみに関心を示しがちで、日本人学生と留学生をつなぐメディアが少ないということを問題として示している。このような環境下では、日本人学生が留学生の存在を知る機会や、接触機会が著しく少ないといえる。

3.3　留学生の友人関係期待

　前節では、留学生の友人関係に関連する問題について述べた。留学生の友人関係期待についての体系的な調査は、管見の限り見られず、統一された尺度はないが、同文化間の青年期の友人関係を把握するための研究において、友人関係期待（friendship expectation）についての研究が蓄積されている。これらの研究は同様に青年期に当たる留学生の友人関係に関する期待を論じる上でも参考になる点が多い。そこで、本節では、まず、同文化間の友人関係の期待に関する研究を中心に友人関係期待の概念・領域、友人関係期待と属性の関連についての諸理論を概観し、次に、異文化間特有の友人関係に関する期待の特徴についての諸理論と研究動向について概観する。最後に、友人関係への期待と実際の体験のずれについて述べる。

3.3.1　友人関係期待の概念

Clark（1981）によると、人は友人に対して将来、より友人との関係が深

まり親密になることを期待するという。このような欲求を親和欲求（アーガイル&ヘンダーソン，1992）といい、相手に対して積極的に連絡を取りたい、相互に交流を行いたい、自己開示をしたいなどの肯定的感情が芽生え、友人の選択や関係継続・関係発展に影響を与えるという。また、Bigelow（1977）は自身の研究において、親友が備えている重要な特徴である信条、態度、価値観を友人関係期待と定義している。さらに、梅本（1988）、鈴木・寺嵜・金光（1998）はBigelow（1977）の友人関係期待とFurman & Bieman（1984）の友人関係概念を参照し、友人関係期待の中心概念を「個人が考えている望ましい友人像及び友人関係像」と定義している。

3.3.2　友人関係期待の領域

　ここでは、友人関係期待の種類や領域について述べる。まず、海外の研究ではHall（2011）の研究が挙げられる。Hall（2011）によると、友人関係期待の領域は、アメリカ人大学院生を対象にした場合、忠誠心、好意などに関する相互返報性（symmetrical reciprocity）、裕福さ、人脈などの象徴性（agency）、レジャーやユーモアに関する娯楽性（enjoyment）、援助や貢献に関する支援性（instrumental aid）、態度や意見の類似性（similarity）、秘密や私事などの自己開示に関する情緒的共有性（communion）の6つがある。

　国内の研究では、梅本（1988）は、青年中期から後期の女子青年の友人への期待として、第一に、性格・行動等に対する率直な意見を述べる理解者、第二に、感情を共有し励ましを与える相談相手、第三に、将来のことや人生観等についての話し相手、第四に、自己開示できる相手であり、精神的な支援を重視していることを示している。また、和田（1993）は、友人への期待として「協力」「情報」「類似」「自己向上」「敏感」「共行動」「真正さ」「自己開示」「尊重」「相互依存」の10領域を挙げ、尺度化している。さらに、廣岡・鶴町（1999）は、和田（1993）の尺度を用いて中・高生を対象に友人への期待を分析し、「援助」「信頼」「真正さ」「情報提供」「類似性」「共行動」の6つの領域を見出した。加えて、鈴木・寺嵜・金光（1998）は大学生を対象に、友人関係期待として「受容性」「社交性」「自立性」「類似性」「主導性」の5つを示した。

下斗米 (1999) は、友人の役割行動への期待について調査し、その特徴として、第一に、援助行動やサポートに関する「支援性」、第二に、社会・対人関係の規範から逸脱しないよう自らを律する「自律性」、第三に、自分と相手の類似性の確認行動に関する「類似性」、第四に、冗談を言うなど相手を愉快な気分にさせる「娯楽性」、第五に、接触頻度を維持したり高めたりしながら共存を図る行動に関する「近接性」、第六に、課題解決への積極的な取り組みに関する「力動性」を見出した。さらに、西浦・大坊 (2010) は、同性友人に対する魅力と友人関係動機の関連を調査し、友人の魅力は安心感、良い刺激、誠実さ、自立性の4つで、この4つの魅力のうち自立性を最重視する者の友人関係動機が強いことを明らかにしている。これらの研究からは、友人関係期待の領域には、相互協力や互助など双方向的で対等な関係性に関する領域、自己開示や援助など精神的支援性に関する領域、接触頻度を高め娯楽を共にするなど共行動性に関する領域、類似性や積極性などのパーソナリティに関する領域等があることが示されている。

3.3.3 友人関係期待と属性の関連

友人関係期待と属性との関連として、海外の研究では、性差との関連が多く報告されている。Fischer & Oliker (1983) は、男性は友人数を増やすことを重視しやすいが、女性は友人との親密性を求める傾向があることを示している。また、Caldwell & Peplau (1982) は、友人関係において女性は感情の共有やコミュニケーションを重視し、男性は活動の共有を重視する傾向があることを示している。先述の Hall (2011) は友人関係期待のうち、相互返報性 (symmetrical reciprocity)、情緒的共有性 (communion) については女性のほうが高く、象徴性 (agency) のみ、男性のほうが高い傾向を示した。さらに、年齢との関連については、就学、就職、結婚、子育てといったライフステージによって関心事が異なるため、友人や友人関係において求める欲求や期待も変化していることが報告されている (Blieszner & Adams, 1992)。

一方、国内の研究では、性差や学年と友人関係の関連について検討を行った研究が多い。まず性差については、福岡 (1997) では、女性はサポートの入手量と提供量がほぼ一致しているが、男性の場合は入手量のほうが提供量

よりも多い傾向を報告している。また、和田・林（2008）は、友人と親密な
ほど、男性よりも女性のほうが好感・信頼を感じ、女性よりも男性のほうが
理解・共有を感じていることを示した。さらに、佐藤・菊池・畑山（2004）
は、大学への適応感における友人グループの役割について検討し、グループ
への適応感は性別を問わず見られたが、女子のほうがグループでの行動頻度
やグループへの満足感が高く、大学への適応感に与える影響が顕著である傾
向を示唆している。また、先述の廣岡・鶴町（1999）は、全般的に女性のほ
うが男性よりも友人関係期待が高いことを報告している。さらに、女性は相
互受容性や支援・提供など精神的な支援に関する期待が男性よりも高い傾向
を示した（廣岡・鶴町，2000）。加えて、和田（2007）は男性よりも女性のほ
うが、自身の孤独を避け、友人にも寂しい思いをさせるのを避けようとする
ため、友人に対してより近づこうとする傾向を示している。

　また、鶴田（2001：2005）によると、大学生の対人関係は学年により異な
る性質を持つと指摘し、以下のように述べている。まず入学期は、指導や管
理が少ない上に、クラス単位の部屋がなく、いつも同じ部屋にメンバーが集
まるということは少ないので、自分から積極的に関わらなければ、学生間の
横のつながりをつくることが困難な時期である。次に、2年生・3年生は、
友人同士が関係を深める時期である。さらに、大学院学生時期に入った場合、
研究室中心の生活となり、学部生の時期よりも人間関係は密になるので、研
究室への適応問題が大きな課題となる。このことから学年によって友人関係
上の困難や友人関係に期待することが異なることが推測される。

　加えて、大学院留学生特有の問題としては、研究室の日本人学生との関係
に、困難を感じやすい点（園田，2006）が挙げられる。これらの大学生を対
象とした友人関係期待と属性との関連についての研究は、大学生と同様に青
年期にある留学生の友人関係を検討する際にも参考になると推測される。

3.3.4　異文化間の友人関係期待

　異文化間の友人関係期待に関して、海外の研究を見ていくと、まず、国籍
やエスニシティとの関連についての研究がある。Horenczyk & Tatar（1998）
は、イスラエル人の若者と移民の若者の相互の友人関係期待を調査し、移民

の若者はホスト側であるイスラエル人の若者よりも、支援、相手の地位、類似性、相手に対する無害さの友人関係期待が高い傾向を示した。また、そのうち特に移民の若者が重視したのは相手の地位と類似性であり、一方、イスラエル人の若者は支援と無害さを重視していた。さらに、Page-Gould et al.（2010）はアメリカ人大学院生を対象に、エスニシティの異なる成員の友人を具体的に想像させ、その人物と仲良くなることができると予想する者は、様々なエスニシティを持つ集団間の交流に対して肯定的な期待を持つ傾向を示している。

　一方、国内では、異文化間の友人関係期待に関する調査は数少ないが、岩男・荻原（1988）では、留学生は来日4年目以降、滞在が長くなるにつれて「留学生に対する日本人学生の態度」について「期待以下」の評価が増加する傾向が明らかにされている。また、田中・畠中・奥西（2011）は、日本人学生が留学生の友人に期待する行動について調査し、日本人学生は留学生に対して協調性や思いやりのある行動を期待している傾向を示した。同研究は、期待の内容は友人との親密さによっても異なり、授業内の付き合いであれば違和感のない集団行動、個人的な友人であれば基本的な傾聴や共行動、サークル内の付き合いでは、規則に即した行動や日本人的な行動を実施しようと努力する姿勢を望むことを示している。

　異文化間の友人関係期待の差異については体系的な調査は行われていないが、国籍やエスニシティ及びホスト側の学生か留学生側かという属性や立場によって異なる性質を持つ可能性がある。

3.3.5　友人関係に関する期待と実際の体験のずれ

　友人関係に関する期待と実際の体験についての海外の調査は少ないが、Pavel（2006）は、ホスト国学生との交流には自身の努力が必要だと予想している留学生は、交流に対して過度な期待を抱かないため、ホスト国学生との交流が円滑に進む傾向を示している。

　一方、国内の研究においては、留学生が日本人学生に抱く期待と実際の体験のずれを示す研究が多く蓄積されている。例えば、上原（1988）では、留学生の66％が日本人との交流を欲しているが、留学生同士の交流のほうが

多い傾向が示され、先述の戦（2007）では、約93％が他国の友人の存在を望みながら、個人的で親密な関係には至っていない傾向が示されている。

　また、柴田（2011）は、留学生が日本人学生と何でも話せる関係に至っていない要因として、留学生自身の日本語力の欠如、時間的余裕のなさ、日本人が偏見を持っているという思い込みの3つを挙げている。さらに、留学生の交流に対する考え方には、日本人学生と何でも話せる関係になることを願う「期待段階」と、その実現は困難であることに気づく「失望段階」の2段階があることを示唆している。中国人留学生を対象とした李（2005）の研究では、中国人留学生のうち来日前に日本人との好意的な直接接触が多い者ほど、来日後、日本人が好意的ではないことに対して「失望」していることが示されている。加えて、井上（2007）では、留学生は大学での成功と社会への適応に日本人学生との交流が必要だと考え、より多くの交流を望んでいるが、交流が促進されていないことが示されている。

3.4　コミュニティ援助に関する諸理論

　第1節から第3節では、友人関係に関連する要因や問題について述べた。本節では、コミュニティ心理学の観点から、留学生の友人関係構築や交流支援に関わるコミュニティ援助についての諸理論を概観する。

3.4.1　コミュニティ・アプローチによる留学生支援

　加賀美（2007b）は、留学生の問題解決の方法、実践活動の概念的枠組みとしてコミュニティ心理学的モデルを提示している。このモデルによると、留学生相談活動は、援助が直接的か間接的か、個別援助かコミュニティへの働きかけかによって4つの次元に分けられる。第一の次元は直接・個別レベルの対応で、留学生の危機状況における相談・治療的な関わりである。第二の次元は直接・コミュニティレベルの対応で、予防的アプローチを主体とした心理教育・啓発活動である。第三の次元は間接・個別レベルの対応で、後方支援を主体としたコンサルテーションである。第四の次元は間接・コミュニティレベルにおける留学生に関する研究・調査である。また、第二の次元

の心理教育・啓発活動のうち、留学生と日本人学生の交流促進に関わるものとしては、交流グループや自助グループの組織化とネットワークづくりや異文化交流促進のための教育的介入（加賀美，2007b）がある。

3.4.2 教育的介入

　本項では、教育的介入について見ていく。まず、教育的介入の基盤となる概念として、コミュニティ介入がある。原（2006）によると、個人と個人が所属している環境の両者に働きかけて、それぞれに変革を促すこと、その両者の「組み合わせ」「結びつき方」「相互作用」などを変えることで望ましい変化を生じさせようとすることをコミュニティ介入という。教育的介入は、このコミュニティ介入の概念をもとに理論化されており、「一時的に不可避な異文化接触を設定し、組織と個人を刺激し学生の意識の変容を試みる行為」のことを指す（加賀美，2001；2006a）。

　教育的介入の実践例には、日本人学生と留学生の共同学習を促進させる参加体験型の交流授業や異文化間交流グループの活動支援などがある（加賀美・小松，2013）。その効果については、例えば加賀美（2006b）は交流授業における討論等によりグループ内でのコミュニケーションが促進され、人間関係がより親密になったことを報告している。また、加賀美（2006a）は多文化交流合宿で実施された教育的介入が参加者の多文化理解態度の観点からどのように効果があるか検討している。多文化交流合宿で行われた教育的介入は、異なる文化や価値観への気づきを促すための異文化シミュレーション・ゲーム（加賀美，2006a）とグループ討論であった。同研究では教育的介入の効果として日本人学生・留学生双方の創造性、共感性、協働性、相手文化尊重、寛容性、多文化尊重、曖昧性への忍耐の態度が意識化され、多文化理解の認識が深まっていることが示された。

3.4.3 ソーシャルサポート介入

　アラン（1993）によると、友人から得られるソーシャルサポートには、ストレスの軽減や困難な状況を打開するための情緒的サポート、日常的に行われる生活上のサポート、情報提供などの物理的サポートなどがある（アラン，

1993)。また、福岡（1997）では、友人から得たサポートが多いほど、与えたサポートも多くサポートの互恵性が示されている。

　留学生が滞在国での友人形成で得られるソーシャルサポートについて、Menzies & Baron（2014）は以下の4つを挙げている。これは第一に、孤独の解消、共感等についての情緒的サポート（emotional support）、第二に、留学生個人が留学生活において経験する困難は誰もが経験しうる困難であることを示し肯定感をもたらしてくれる評価的サポート（appraisal support）、第三に、大学の課題等の学業に関する情報サポート（informational support）、第四に、生活全般における情報提供等の道具的サポート（instrumental support）である。

　また、Bochner, McLeod & Lin（1977）の提唱した友人ネットワーク機能モデルは、友人に求めるソーシャルサポート機能が出身国により異なることを示している。同国出身の留学生には文化的価値観を維持し共有する機能、他国人留学生にはレクリエーション機能、ホスト国学生には学業成就のための道具的機能を求めることを示している。このモデルは後続の研究の理論的枠組みとなっており、モデルを実証する結果（高井，1994；田中，2000）や新たな条件を付加する結果が出ている。例えば、周（1992）、周・深田（2002）は、在日中国人留学生が日本人大学院生に対して主に勉学や指導面のソーシャルサポートを求めていることを示し、Bochner et al.（1977）のモデルを検証した。

　一方、Hendrickson, Rosen & Aune（2011）は、留学生の友人ネットワークはホスト国の友人とのほうが母国の友人とのネットワークよりも広域であるが、留学生とホスト国の友人はつながりが弱く希薄な関係であることを示した。また、湯（2004）は中国人留学生が孤独を感じる際の相談相手は母国の友人であり、実際に援助を求める相手は日本の中国人留学生や日本人の友人であることを示している。このように、友人が提供するソーシャルサポートが留学生にとって有効であることが示されており、サポート提供の増加を目指した学校のシステム変革や、教育プログラムを作成するソーシャルサポート介入（丹羽，2006）は、コミュニティ援助の手段として有効だと考えられる。

3.5　問題の所在と本研究の目的

　第1章から第3章では、本研究に関連する社会心理学・異文化間心理学・コミュニティ心理学の諸理論と研究の知見について概観してきた。以下では、第1章から本章までで概観してきた内容を踏まえ、本研究の目的について述べる。

　まず、留学生が海外での生活に適応し、心身ともに健康な状態で滞在するためには、ホスト国の人々との良好な関係が重要である。特に、留学生の日常的な生活の場である大学キャンパスにおいて接触するホスト国学生の友人の有無は、異文化適応の促進に関わっている。しかし、留学生とホスト国学生の間の友人関係形成には困難が伴い、留学生が友人を得られない場合が多いことも示されている。また、留学生がホスト国学生と接触する中で、実際にどのような関係を持ち、どのように友人形成がされたり、形成がされなかったりするのか、その過程についての検討は少ないため、調査が必要である。そこで、本研究では中国人留学生を対象とし、友人形成及び不形成過程はどのようなものか、検討を行う。

　また、留学生は友人形成について、期待しているように友人関係が構築できず不満に思っていることが示唆されている。しかし、留学生の抱く期待や実際の体験はどのようなものなのか、留学生の期待と実際の体験にずれがある場合にはどのようなずれが生じ、不満を持っているのか、実証的に検討した研究は数少ないため、さらなる研究が必要である。そこで、本研究では、中国人留学生の友人関係における期待と体験の否定的認識及び友人関係への不満との関連はどのようなものか、検討を行う。

　さらに、留学生とホスト国学生との間の友人関係において否定的な出来事が生じ、友人関係に不満がある場合にその原因をホスト国学生側に帰属させると、留学生はホスト国社会と対峙していくことになるため、ホスト国全体のイメージも悪化することが推測される。留学生の個別の交流体験がホスト国全体への認識につながる可能性があるため、このことは、留学生を受入れる立場にあるホスト社会にとっても重要な問題である。そのため、留学生の

第1部　研究背景と先行研究

友人関係に関する否定的な体験と不満について検討し、その上で原因帰属との関連について検討を行うことが重要である。そこで、本研究では、中国人留学生の友人関係に関する体験の否定的認識と原因帰属の関連はどのようなものか検討を行う。

加えて、留学生とホスト国学生との間の友人関係において否定的な出来事が生じ、友人関係に不満がある場合にその原因をホスト国学生側に帰属させると、留学生はホスト国社会に対して否定的認識を持つことが推測される。そのため、留学生の友人関係に関する否定的な体験と不満について検討し、その上で原因帰属との関連について検討を行うことが重要である。そこで、本研究では、中国人留学生の友人関係に関する体験の否定的認識と原因帰属の関連はどのようなものか検討を行う。

また、留学生の日本人学生との個別の友人関係に関する不満の原因帰属の仕方が日本人や日本全体のイメージにどのような影響を及ぼすのかということについては、留学生を受入れる立場にあるホスト社会にとっても重要な問題である。そこで、本研究では、中国人留学生の友人関係不満に関する原因帰属と日本人イメージの関連について検討を行う。

以上より、留学生にとってホスト国学生の友人形成が重要な問題になることが推測されるが、友人形成を促進させるためには大学側の働きかけが有効であることが示されている。そのうち、教育的介入は異文化間交流の問題を改善するための取り組みとして有効性が示唆されているが（加賀美，2001；2006a）、関連する研究はいまだ数少ない。先述のように、加賀美（2006a）では、2001年度に行われた多文化交流合宿における教育的介入が多文化理解態度に肯定的な効果をもたらしたことが示されている。しかし、その後も継続されている多文化交流合宿における友人形成に向けた教育的介入の詳細については、検討されていない。そこで、本研究では、教育的介入によって日本人学生と中国人留学生はどのような学びを得たか検討を行う。また、教育的介入の後、留学生と日本人学生の交流は継続しているのかどうか、検討が行われていない。そこで、本研究では、中国人留学生と日本人学生の交流の継続とその関連要因はどのようなものか、検討を行う。

第3章　友人関係に関連する諸理論と研究動向　　71

3.6　研究課題

先述した問題の所在と研究目的から、本研究の研究課題は以下のとおりである。

研究課題1　中国人留学生の友人形成及び不形成過程はどのようなものか（研究1）

研究課題2　中国人留学生の友人関係における期待と体験の否定的認識及び友人関係への不満との関連はどのようなものか（研究2）

研究課題3　中国人留学生の友人関係に関する体験の否定的認識と原因帰属の関連はどのようなものか（研究3）

研究課題4　中国人留学生の友人関係不満に関する原因帰属と日本人イメージの関連はどのようなものか（研究4）

研究課題5　教育的介入によって中国人留学生と日本人学生はどのような学びを得たか（研究5）

研究課題6　中国人留学生と日本人学生の交流の継続と関連要因はどのようなものか（研究6）

なお、本研究では、対象者を中国人留学生とした。その理由は、第一に、中国人留学生が約40年前から現在に至るまで留学生数が最も多く、今後も留学生交流の重要な位置を占めると考えられること、第二に、中国人留学生はここ数十年間での国情の変化やメディアの多様化が著しく、日本に対して複雑でアンビバレントな感情（加賀美・守谷・岩井・朴・沈, 2008）を持っていることが推測されるため重要であると考えられることである。

以上のとおり、第3章では留学生の友人関係に関する研究動向を概観した。次章以降は、これらの仮説と研究課題を据え、実証的研究を行う。

第1部　研究背景と先行研究

第 2 部

友人関係に関する期待と体験の
否定的認識及び関連要因

第4章

中国人留学生の友人形成及び
不形成過程はどのようなものか（研究1）

4.1　研究目的

　先行研究より、留学生が日本人学生の友人をつくることに関する困難が示されている（Kang, 1974；Klein et al, 1981；Church, 1982；横田・田中，1992；Trice & Elliot, 1993；上原，1988；石倉・吉岡，2004；戦，2007）。しかし、これまでに友人形成とその関連要因についての調査はあるものの、友人形成が達成された過程と達成されなかった過程が具体的にどのようなものか、なぜそのような過程をたどったのかを解明するための調査は非常に少ない。そこで、第4章（研究1）では、中国人留学生を対象に、友人形成及び友人不形成に至る過程はどのようなものか、質的に検討することを目的とする。

4.2　方法

4.2.1　対象者

　2008年3月、日本の大学または大学院に所属している中国人留学生7名に対して1時間半程度の半構造化インタビューを実施し、日本人学生との接触や交流等について自由に語ってもらった。対象者は、全員女性で年齢は22

〈表4-1〉 対象者の属性

	年齢	性別	所属・学年	専攻	日本滞在歴	日本語能力	所属大学
A	25歳	女性	修士2年生	経済学	3年1か月	1級	国立大学H
B	25歳	女性	学部2年生	社会学	3年1か月	1級	国立大学I
C	22歳	女性	学部1年生	日本語教育	2年1か月	1級	国立大学I
D	26歳	女性	修士2年生	日本文学	2年1か月	1級	私立大学L
E	26歳	女性	修士1年生	芸術	3年6か月	1級	私立大学K
F	24歳	女性	修士2年生	日本語教育	1年5か月	1級	私立大学L
G	25歳	女性	修士2年生	日本語教育	4年2か月	1級	国立大学H

歳から26歳までであった。対象者の属性データを表4-1に示す。

4.2.2　調査時期・調査手続き

　半構造化インタビューでは、日本人学生の友人をつくることに対してどのような関心があるか、日本人学生との友人関係においてどのようなことを期待しているのか、実際の友人関係に関する肯定的体験、否定的体験はどのようなものであったか、交流に困難を感じた際にどのように行動したかなど、友人形成及び不形成過程について自由に語ってもらった。また、留学生の在籍する大学キャンパスの環境や異文化間交流に関する制度的支援の状況についても質問した。その後、インタビュー内容について文字化し、KJ法（川喜田, 1986）を援用して分析した。具体的な手続きとしては、まず、文字化したデータからラベルを作成し、類似性の高いラベルをひとまとめにした。次に、カテゴリーの内容を反映する表札をつくり、カテゴリー編成を行った。また、カテゴリー間の相互関係を見出すため、カテゴリー同士の空間配置を試行し、全体構造を図解化及び叙述化した。

4.3　結果

　ここでは、インタビュー内容を分析した結果、得られたカテゴリーの内容

〈図4-1〉友人形成及び友人不形成に関するカテゴリー

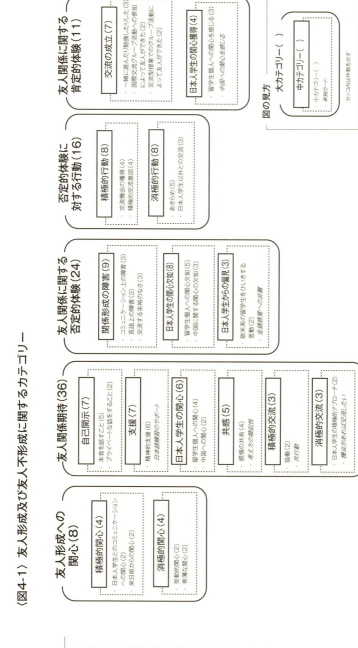

について説明する。次に、カテゴリー同士の関連に基づき、友人形成及び友人不形成に至る過程がどのようなものか説明する。

4.3.1 留学生の友人形成・友人不形成過程の大カテゴリーについて

カテゴリー内容を分類した結果、【友人形成への関心】【友人関係期待】【友人関係に関する否定的体験】【否定的体験に対する行動】【友人関係に関する肯定的体験】の5つの大カテゴリーが生成された（図4-1）。以下では、5つの大カテゴリーの詳細について説明する。

4.3.1.1 友人形成への関心

まず、大カテゴリー【友人形成への関心】は〈積極的関心〉と〈消極的関心〉の2つの中カテゴリーから成る。

第一に、〈積極的関心〉は、日本人学生の友人を持つことへの積極的な関心のカテゴリーで、小カテゴリーの「日本人学生とのコミュニケーションへの関心」2例、「来日前からの関心」2例を含む。第二に、〈消極的関心〉は、日本人学生の友人を持つことへの消極的関心のカテゴリーで、小カテゴリーの「受動的関心」2例、「希薄な関心」2例を含む。

4.3.1.2 友人関係期待

【友人関係期待】は〈自己開示〉〈支援〉〈日本人学生の関心〉〈共感〉〈積極的交流〉〈消極的交流〉の6つの中カテゴリーから成る。第一に、〈自己開示〉は、自分自身のことをありのままに話すことへの期待であり、小カテゴリーの「本音を話すこと」5例、「プライベートな話をすること」2例を含む。第二に、〈支援〉は、日本人からサポートを得ることへの期待であり、小カテゴリーの「精神的支援」6例を含む。第三に、〈日本人学生の関心〉は、日本人学生から関心を持たれることへの期待であり、小カテゴリーの「留学生個人への関心」4例、「中国への関心」2例を含む。第四に、〈共感〉は、日本人学生との間で感情や考えを共有し、共感することへの期待であり、小カテゴリーの「感情の共有」4例を含む。第五に、〈積極的交流〉は、日本

人学生との交流を積極的に望む期待であり、小カテゴリーの「協働」2例を含む。第六に、〈消極的交流〉は日本人学生との交流への消極的な期待であり、「日本人学生の積極的アプローチ」2例を含む。

4.3.1.3　友人関係に関する否定的体験

【友人関係に関する否定的体験】は、〈関係形成の障害〉〈日本人学生の関心欠如〉〈日本人学生からの偏見〉の3つの中カテゴリーから成る。第一に、〈関係形成の障害〉は、日本人学生との間に関係を築く際に障害を感じた体験であり、小カテゴリーの「コミュニケーション上の障害」3例、「言語上の障害」3例、「交流する余裕のなさ」3例を含む。第二に、〈日本人学生の関心欠如〉は、日本人学生が関心を持っていないと感じた体験であり、小カテゴリーの「留学生個人への関心欠如」5例、「中国に関する関心の欠如」3例を含む。第三に、〈日本人学生からの偏見〉は、中国や留学生への偏見を感じた体験であり、小カテゴリーの「欧米系の留学生をひいきする言動」2例を含む。

4.3.1.4　否定的体験に対する行動

【否定的体験に対する行動】は、〈積極的行動〉と〈消極的行動〉の2つの中カテゴリーから成る。第一に、〈積極的行動〉は、否定的体験を乗り越え日本人学生と交流するための積極的な行動であり、「交流機会の獲得」4例、「積極的交流意図」4例の2つの小カテゴリーから成る。第二に、〈消極的行動〉は、否定的体験をした後、交流を断念する消極的な行動であり、「あきらめ」5例、「日本人学生以外との交流」3例の2つの小カテゴリーから成る。

4.3.1.5　友人関係に関する肯定的体験

【友人関係に関する肯定的体験】は、〈交流の成立〉と〈日本人学生の関心獲得〉の2つの中カテゴリーから成る。第一に、〈交流の成立〉は、日本人学生との交流が成立した体験に関するもので、小カテゴリーの「一緒に遊んだり勉強したりした」3例、「国際交流グループ活動への参加によって友人ができた」2例、「交流型授業でのグループ活動によって友人ができた」2例から成る。第二に、〈日本人学生の関心獲得〉は、日本人学生が中国や留

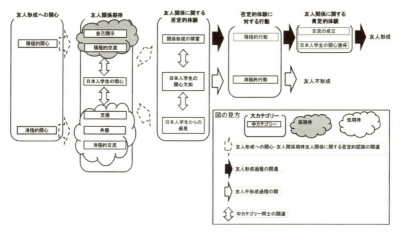

〈図4-2〉カテゴリー間の関連に基づく友人形成及び友人不形成過程

学生個人への関心を持っていると感じた体験に関してで、小カテゴリーの「留学生個人への関心を感じる」3例から成る。

4.3.2 友人形成及び友人不形成に至る過程について

以上の5つの生成されたカテゴリー内容から仮定できる関連性を図式化し（図4-2）、友人形成及び友人不形成過程を示した。以下では、【友人形成への関心】【友人関係期待】【友人関係に関する否定的体験】【否定的体験に対する行動】【友人関係に関する肯定的体験】の関連について述べる。

まず、友人形成及び友人不形成過程の発端となる【友人形成への関心】の持ち方は留学生によって違いが見られ、友人形成への来日前からの関心など〈積極的関心〉を持つ場合と、機会があれば友人をつくりたいなどの〈消極的関心〉を持つ場合に分かれた。〈積極的関心〉を持つ場合は積極的に交流することを望むが、〈消極的関心〉を持つ場合は、支援や共感を求め、機会があれば交流したいという消極的な交流期待を持っている。さらに、〈友人関係期待〉については全ての留学生に共通して留学生個人や母国である中国への〈日本人学生の関心〉を得たいという気持ちが語られていた。つまり、

親密な関係を期待する場合、日本人学生と留学生が双方向的に関心を持つことで交流を進めたい思いがあると考えられる。一方、期待が低い場合、日本人学生に積極的な交流のための働きかけをしてほしいという一方向的な思いや日本語のサポートなどをしてほしいという支援期待があると考えられる。

次に、【友人関係期待】と【友人関係に関する否定的体験】との関連については、前述のとおり、留学生は友人関係に対して様々な期待を持っているが、実際にはその期待が叶わず、否定的な認知に至る体験をしている。本研究の対象者である留学生の7名中、6名が〈日本人学生の関心〉を期待しているにも関わらず、〈日本人学生の関心欠如〉を認知し落胆している。積極的な友人形成への関心を持ち、友人関係期待が高い場合は「中国のことを知りたいと言っていたから、いろいろ話したのに、日本人学生の友人に話したら、途中から聞いてくれなくなった。本当は知りたくなかったのかと思って残念だった」などの語りがあり、積極的に交流しようとしたが日本人学生の関心の低さにショックを感じていることが見てとれる。一方、友人関係期待が低い場合は「やっぱりできれば日本人学生のほうからたくさん話しかけてきてほしいけれど、話しかけてきてくれない」などの語りがあり、積極的に交流しようという気持ちは低いが、日本人学生が積極的にアプローチしてこないことへの失望の気持ちがうかがえる。また「日本人学生は中国やアジアの留学生には興味がないのに欧米系の留学生のことは大事にする」等の語りがあり、関心欠如の認知は偏見や関係形成上の様々な障害の認知とも関連していると考えられる。

さらに、友人形成過程と友人不形成過程の分岐点となるのが、留学生が否定的体験をどのように受け止め、どう行動するかという点である。【否定的体験に対する行動】として交流の機会を増やし、より積極的に日本人学生に働きかけるなど〈積極的行動〉をとる場合、【友人関係に関する肯定的体験】を得ることができ、友人形成へ至っている。一方、交流をあきらめてしまったり、留学生同士の交流にシフトしてしまったりして〈消極的行動〉をとる場合は友人不形成に至っている。

また、留学生の行動を左右する要因は留学生自身の積極性のみではなく、大学等の制度的支援の活用の有無に関わりがある。例えば、友人形成ができ

第2部　友人関係に関する期待と体験の否定的認識及び関連要因

た留学生からは「授業だけでは日本人学生と友だちになれないから、国際交流会が開催されているときにはなるべく参加して、日本人学生と話す機会を持っている」ことが語られ、留学生自身の友人づくりへの積極性と大学等の制度的支援の2つの要素が相互関連して友人形成を促進していることが示唆されている。一方、友人形成ができなかった留学生からは「コミュニケーションがうまくとれないので友だちになれなかった」「大学では留学生同士で一緒にいることが多くて、日本人学生と交流するチャンスは少ない」などの語りが見られ、否定的な体験をした後、事態を打開しようとせずにあきらめてしまったことや、所属する大学において日本人学生との交流の機会を見出せないことが友人不形成の要因となっていることが示された。

　以上のように、友人形成と友人不形成過程において、留学生の【友人形成への関心】が積極性か否かは【友人関係期待】の高低に影響を与えていた。また、【友人関係に関する否定的体験】に対して【否定的体験に対する行動】が積極的である場合、【友人関係に関する肯定的体験】が得られ友人形成に至るが、【否定的体験に対する行動】が消極的な場合は、友人不形成に至ることが明らかになった。さらに、留学生の積極性のみが友人形成の要因となっているわけではなく、制度的支援の活用の有無も友人形成の一要因となっており、制度的支援の活用がある場合、友人形成過程に至っていることが明らかになった。

4.3.3　友人形成及び友人不形成過程に関する4型の分類

　上述のとおり、友人形成及び友人不形成過程は留学生の【友人形成への関心】が〈積極的関心〉であるか〈消極的関心〉であるかということが起点となり、【友人関係に関する否定的体験】に対して〈積極的行動〉をとるか〈消極的行動〉をとるかということが分岐点となっている。そこで、対象者の語りからインタビュー内容を「積極的関心積極的行動型」「積極的関心消極的行動型」「消極的関心積極的行動型」「消極的関心消極的行動型」の4つの型に分類した（図4-3）。

　また、この4つの型の友人形成及び友人不形成過程における【友人形成への関心】【友人関係期待】【友人関係に関する否定的体験】【否定的体験に対

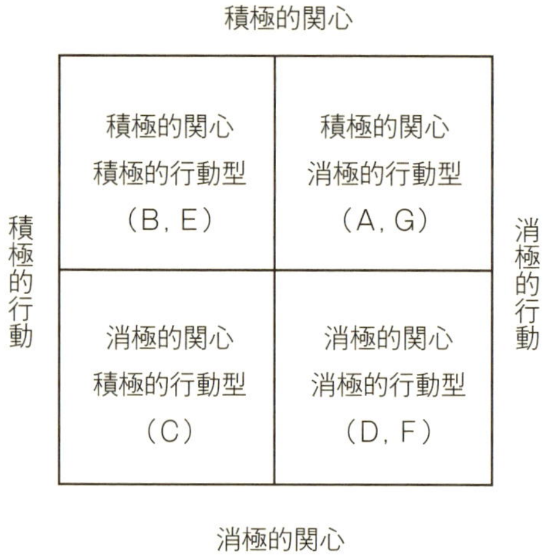

積極的関心

```
┌─────────────┬─────────────┐
│ 積極的関心    │ 積極的関心    │
│ 積極的行動型  │ 消極的行動型  │
│ （B，E）     │ （A，G）     │
├─────────────┼─────────────┤
│ 消極的関心    │ 消極的関心    │
│ 積極的行動型  │ 消極的行動型  │
│ （C）       │ （D，F）     │
└─────────────┴─────────────┘
```

積極的行動（左） 消極的行動（右）

消極的関心

〈図4-3〉4型の分類

する行動【友人関係に関する肯定的体験】のカテゴリー内容と、上述のように友人形成の一要因である制度的支援の活用の有無についてまとめると表4-2のようになる。以下では、各型の友人形成及び友人不形成過程についてより詳細に明らかにしていく。

4.3.3.1 積極的関心積極的行動型（留学生B，E）、友人形成過程について

この型は留学生が友人形成に関して非常に積極的で交流上の困難を体験しながらも克服する努力をし、友人形成に至ったものである。留学生Eは学内に制度的支援があまり整備されていないと不満を述べている。しかし、普段から大学の留学生課の掲示板を見て国際交流会などが行われていないかチェックし、学内の国際交流会や地域の国際会議、地元の小学校への文化紹介ボランティアなど様々な交流会・イベントに参加するなど制度的支援を活用している。また、学内の国際交流会については「大学で時々国際交流会があるが、楽しいということだけで終わってしまうので、本当の異文化交流じゃない感じがする。日本人学生も観光情報が知りたくて来ているようだった」と交流不全に終わった体験を語っている。

さらに、この型のみに見られた特徴が、日本人学生からの偏見を感じる体験である。語られた偏見の内容は、例えば「サークルへ入ろうとしたときに、

第2部　友人関係に関する期待と体験の否定的認識及び関連要因

〈表4-2〉 4型の友人形成・友人不形成過程と制度支援の活用の有無について

4型と対象者	友人形成への関心	友人関係期待	友人関係に関する否定的体験	否定的体験に対する行動	友人関係に関する肯定的体験	制度的支援の活用
積極的関心友人形成型B,E	積極的関心	自己開示／日本人学生の関心／積極的交流	日本人学生の関心欠如／日本人学生からの偏見	積極的行動	交流の成立／日本人学生の関心獲得	有
積極的関心友人不形成型A,G	積極的関心	自己開示／日本人学生の関心	関係形成の障害（コミュニケーション・言語上の障害）／日本人学生の関心欠如	消極的行動	無	無
消極的関心友人形成型C	消極的関心	支援（精神的支援・日本語のサポート）／日本人学生の関心	関係形成の障害（交流する余裕のなさ・コミュニケーション上の障害）／日本人学生の関心欠如	積極的行動	交流の成立／日本人学生の関心獲得	有
消極的関心友人不形成型D,F	消極的関心	消極的交流／共感	関係形成の障害（コミュニケーション上の障害・言語上の障害・日本人学生集団への近づきにくさ）／日本人学生の関心欠如	消極的行動	無	無

なんとなく近寄りにくく留学生を歓迎しない感じがした」等であり、露骨な偏見というよりも、回避的で冷たい態度（Brown, 1995）をとられたというような意識に近い。

　しかし、日本人学生の冷たい態度に関係形成への困難を感じながらも、あきらめずにさらなる交流機会を探し、交流していく意志が見られる。留学生Eが友人になったのは同じ寮に住んでいる日本人学生で、共に地域の国際会議に参加している。留学生Eは「（その日本人学生の友人は）国際意識が高く、欧米にもアジアにも興味があるので、話していて楽しい。同じ寮なので、頻繁に会え、自然に友だちになっていた」と語っている。

　一方、留学生Bの所属大学には、国際交流グループや日本人学生と留学生の交流型の授業等があり、こうしたグループ活動や授業に積極的に参加し、友人を得ている。

　以上より、この型は、制度的支援をうまく活用しながら関係形成のために注力し、友人形成に至っているといえる。

4.3.3.2　積極的関心消極的行動型（留学生A, G）、友人不形成過程について

　この型は、友人形成に積極的な関心を持ちながらも学内で日本人学生と接する機会が少なく交流に困難を感じていることから、日本人学生との交流をあきらめてしまったものである。留学生Aは「日本に来てから友だちができなくなっていると思う。自分の努力が足りないとも思うが、なぜなのかわからない」と語っている。

　この型はもともと友人形成への関心があり、交流したいという気持ちが強いが、その期待が叶わず現実とのギャップを感じ、困惑していることが示されている。実際の交流場面では消極的な姿勢をとっており、例えば、留学生Aは「日本の大学に来てから相手がどういう人なのかとすごく気になる。中国では安心して友だちがつくれるが、日本に来てからは失礼かと思い、相手の家族のこと、今までのこと、故郷のことなど何も聞かないので、お互いに理解できない」と語っている。つまり、コミュニケーション上の誤解や齟齬を恐れ、日本人学生とのコミュニケーションがうまくとれなかった体験から、日本人学生との交流をあきらめてしまっている。また、留学生Aは留学生寮

に住んでおり、寮での交流は同国人同士に限られている。さらに、「学業や研究のこと以外で日本人学生と話す機会が少ない」と語っており、そもそも日本人学生と交流する機会が少ない。

一方、留学生Gの場合は、ゼミのメンバーで飲み会に行く際などは日本人学生も一緒になるが、ここでも話し相手はほとんど同国出身の留学生に偏っている。

以上より、この型は友人形成の関心や期待は強いが制度的支援が十分に得られない状況に置かれており、期待が叶っていない。そのため、母国の中国人留学生同士の関係へと対人関係の中心がシフトし、友人不形成に至っているといえる。

4.3.3.3　消極的関心積極的行動型（留学生C）、友人形成過程について

この型は友人形成への関心が低いが、制度的支援を活用し、積極的に交流を行ったため友人形成に至ったものである。留学生Cは「日本に来て友だちをつくりたいとあまり意識していない。自然に友だちになれると思って生活してきた」と語っており、日本人学生の友人を持つことに対する特別な関心がないことが見てとれる。しかし、留学生Cの所属する大学では、交流型の授業や国際交流グループの存在など制度的支援が整備されており、授業において日本人学生と留学生のグループ活動やペアワークが行われることもある。そのため、留学生Cは友人形成に至っている。例えば、「授業でグループが一緒だった日本人学生にキャンパスで会って話しかけたがあまり反応がなかった。忘れられてしまったかと思ったが、同じ授業でまた同じグループになり、毎週授業で顔を合わせ同じ課題について調べるようになってからは（その日本人学生と）仲良くなった」と語っている。

また、留学生Cは国際交流グループの活動にも参加しており、「国際交流グループの日本人学生とは、お昼ご飯を一緒に食べている。国際交流グループの日本人学生で同じ授業を受けている子とは、一緒に勉強もしている」と、活動を通して友人ができたことを語っている。留学生Cの所属する国際交流グループには、留学生との交流に対して関心が高く異文化間交流の経験のある日本人学生が多く所属しており、比較的友人形成がされやすいことも考え

られる。こうした環境下において、留学生C自身も積極的に日本人学生と関わるようになっている。留学生Cは「交流型の授業では、初めは日本人と日本語で話したいとか日本の文化を教えてほしいと思っていた。今はそれだけではなくコミュニケーションが大事だと思う。やはり、友だちができるとすごくうれしい」と語っている。

つまり、留学生Cには初めは日本人学生から言語や文化を学びたいという、一方向的な期待があったが、授業を通し双方向的な交流の楽しさや意義を見出していったと考えられる。

以上より、この型は友人形成の関心は低いが、制度的支援のもとで友情を育む機会に恵まれ、留学生自身も積極的に友人関係構築に取り組み、友人形成に至っているといえる。

4.3.3.4 消極的関心消極的行動型（留学生D, F）、友人不形成過程について

この型は一貫して友人形成への関心が消極的であり、友人関係に関して困難に直面した後に、状況を改善しようという意志が見られず友人形成に至らないものである。留学生Dは日本人学生の友人をつくることに関して「友だちはつくるものではなく、自然に仲良くなる人もいるし、仲良くなれない人もいるという感じ」と語っており、友人形成への関心が低い。また、友人関係期待についても状況や相手の日本人学生次第で友人になるかどうか決まるという程度の受け身の期待しか持っていない。さらに、授業を通し日本人学生同士の交流を見ていて感じたこととして「日本人同士でも慣れてきても、お互いに少し距離をとり敬語も使っている。その辺りがまだわからない」と語っている。つまり、関係構築の仕方が中国と違うことに対して違和感を持っていることがうかがえる。また、留学生Dは飲食店でアルバイトをしており、アルバイト先で同僚の日本人と友人になっている。アルバイト先での交流に満足しているため、大学では特に日本人学生と交流する必要がないと考えていた。

さらに、留学生Fは同国出身の配偶者と同居しており、「彼（配偶者）がいて中国人の友だちもいるので、日本人の友だちがいなくても困らない。友だちを探している感じではない」と語っており、Dと同様に友人形成の関心が低く、交流に対して消極的である。加えて、所属大学では、日本人学生と

の交流機会が少なく、大学では同国人同士の関係が中心となっている。こうした状況に対してD、Fは日本人学生の友人形成をあきらめており、Dはアルバイト先、Fは家庭に居場所を見出している。

　以上より、この型は制度的支援があまり活用されておらず交流機会が少ない上に、交流に対して消極的な態度を持ち続けていることにより友人不形成の過程に至っている。

4.4　考察

　本研究では、第一に、友人形成及び友人不形成に関するカテゴリー生成について分析した結果、【友人形成への関心】【友人関係期待】【友人関係に関する否定的体験】【否定的体験に対する行動】【友人関係に関する肯定的体験】の5つの大カテゴリーが見出された。次に、これらの生成されたカテゴリー間の関連を明示し、友人形成及び友人不形成過程について分析した。その結果、友人関係に関する否定的体験を経た後に、交流に積極的行動をとり【友人関係に関する肯定的体験】を持つことができた場合、友人形成に至っていたことが示された。しかし、否定的な体験をした後に事態を打開しようとせず消極的行動をとった場合には友人不形成の結果となることが明らかになった。

　第二に、友人形成への関心と友人関係に関する否定的体験に対する行動の積極性の有無をもとに、「積極的関心積極的行動型」「積極的関心消極的行動型」「消極的関心積極的行動型」「消極的関心消極的行動型」の4つの型の友人形成及び友人不形成過程について分析した。その結果、友人形成への関心が積極的で制度的支援を活用できた「積極的関心積極的行動型」の場合は、友人関係に関する否定的体験を乗り越えることができ友人形成に至るが、関心が積極的であっても、制度的支援があまり活用されていない「積極的関心消極的行動型」の場合は友人形成に至らないことが明らかになった。また、友人形成への関心が消極的であっても制度的支援を活用できた「消極的関心積極的行動型」の場合は、否定的体験を乗り越え友人形成に至るが、関心が消極的で制度的支援もあまり活用されていない「消極的関心消極的行動型」の場合は友人形成に至らないことが明らかになった。Pettigrew ＆ Tropp

（2006）は、「接触仮説」における４条件のうち制度的支援は、正の接触の効果を促進するために特に重要な条件である可能性を示しているが、本研究においても制度的支援が重要な条件であることが明らかになった。このことから、友人形成に至る促進要因として制度的支援と留学生の友人関係に関する障害を乗り越える粘り強さが重要であることが示唆された。

4.5　結語

　本研究では対象者である留学生が〈日本人学生の関心〉を期待しているにもかかわらず、〈日本人学生の関心欠如〉を感じ、否定的な認知に至る体験をしていることが示された。つまり、留学生全員が友人関係への期待が実際の体験において叶わず否定的な認識を持つ経験をしている。このことからは、留学生と日本人学生の交流が円滑に行われていない現状が示されており、重要である。

　ただし、本研究は、限られた対象者のデータを用いた探索的な分析であるため、過度な一般化はできない。そこで、第５章（研究2-1）では中国人留学生にはどのような友人関係期待があるのか、どのような友人関係に関する体験において否定的な認識を持つのかについて、量的調査により、体系的な検討を行う。

　また、第４章（研究１）においては、留学生が友人関係に関する否定的体験をした後、積極的行動をとり「友人関係に関する肯定的な体験」を持つことができた場合と、否定的な体験をした後に事態を打開しようとせずに消極的行動をとった場合との２つの過程に分かれることが示された。このことから、様々な友人関係に関する体験の否定的認識の要因の中でも、その重みづけは異なっており、留学生が事態を打開できないような克服しがたい不満感をもたらす要因があることが推測される。そこで、第５章（研究2-2）では、友人関係に関する体験の否定的認識において友人関係の不満感をもたらす要因を、量的調査によって、体系的に検討する。

第２部　友人関係に関する期待と体験の否定的認識及び関連要因

第5章

中国人留学生の友人関係における期待と体験の否定的認識及び友人関係への不満の関連（研究２）

5.1　研究目的

第4章（研究1）では、中国人留学生の友人形成及び友人不形成過程について質的研究法を用い分析した。その中で、友人関係への期待が実際の体験の中では叶えられず、留学生が否定的認識を持ち、友人関係への不満につながる可能性が示唆された。しかし、留学生と日本人学生の友人関係に関する研究において、友人関係期待と実際の体験との関連についての体系的な検討は行われていない。また、友人関係に関する体験において否定的認識を持つ際、どのような認識が友人関係への不満と関連しているのかということについても検討が行われていない。

そこで、第5章（研究2）では、留学生の友人関係に対する期待と体験の否定的認識、友人関係への不満の関連について量的な検討を行う。まず、中国人留学生の日本人学生に対する「友人関係期待」及び「友人関係に関する体験の否定的認識」を検討し、その上で、「友人関係期待」と「友人関係に関する体験の否定的認識」の関連を検討する（研究2-1）。また、「友人関係に関する体験の否定的認識」と「友人関係満足度」の関連を検討する（研究2-2）。

5.2 方法

5.2.1 対象者・調査時期・調査手続き

本研究は、2008年9月から10月にかけて、留学生教育関係者及び留学生を通して、日本の大学・大学院に所属する留学生に質問紙を配布し、調査を実施した。質問紙の回収率は83％で、回答に著しく不備があったものを除いた結果、有効回答数は119部となった。対象者の主な属性については表5-1のとおりで、119名を対象として統計的分析を行った。

5.2.2 質問紙作成

2008年3月、日本の大学または大学院に所属している留学生18名に対して半構造化インタビュー実施し、日本人学生との接触や交流等について自由に語ってもらった。そこで得られた意見をKJ法図解化（A型）（川喜田, 1986）を用いて分類したものを基に、先行研究のAllport（1954）、横田（1991）、坪井（1994）らの知見と合わせて質問項目を作成した。その後、予備調査を行

〈表5-1〉 研究2の対象者の属性一覧

性別	男性53名（45%）／女性66名（55%）
年齢	20歳以上～25歳未満56名（47%）／25歳以上～30歳未満57名（48%）／30歳以上4名（3%）／不明2名（2%）
日本滞在期間	1年未満14名（12%）／1年以上～3年未満47名（39%）／3年以上～5年未満36名（30%）／5年以上16名（13%）／不明6名（5%）
日本語能力	初級12名（10%）／中級24名（20%）／上級74名（62%）／不明9名（8%）
学年	学部生89名（80%）／修士20名（18%）／博士3名（3%）
国公立・私立	国公立22名（18%）、私立94名（79%）、不明3名（3%）
理系・文系	理系25名（21%）／文系86名（72%）／無回答8名（7%）

い質問紙の再調整を行った。質問紙は、日本語版を作成した後、バックトランスレーション法による翻訳を行い、中国語版を作成した。

　質問紙は「友人関係期待」34項目、「友人関係に関する体験の否定的認識」40項目、「友人関係満足度」1項目、「友人関係への不満に関する原因帰属」9項目及び「フェイスシート」で構成される。このうち第5章（研究2）では、「友人関係期待」「友人関係に関する体験の否定的認識」「友人関係満足度」について分析を行う。なお、「友人関係期待」は、各項目について周りの日本人学生に対してどのくらい親密な友人関係を期待しているのか、当てはまる程度をたずね、「とても期待する（5）」〜「まったく期待しない（1）」までの5段階評定を用いて回答を求めた。「友人関係に関する体験の否定的認識」は、各項目について実際にどのくらい体験したことがあるか、当てはまる程度をたずね、「よくあった（4）」〜「まったくなかった（1）」までの4段階評定を用いて回答を求めた。「友人関係満足度」は周りの日本人学生との友人関係にどの程度、満足しているか、当てはまる程度をたずね、「とても満足している（5）」〜「まったく満足していない（1）」までの5段階評定を用いて回答を求めた。

5.3　結果

5.3.1　「友人関係期待」と「友人関係に関する体験の否定的認識」の関連についての結果（研究2-1）

5.3.1.1　「友人関係期待」の因子分析の結果

「友人関係期待」の構造を把握するため、主因子法、プロマックス回転による因子分析を行った。ここでは、0.4以上の負荷量から因子の解釈を行い、負荷量の低いものや複数の因子にまたがって負荷が高いものを除外した結果、表5-2のとおり5因子が抽出された。第1因子は「外国人としてお客様扱いされることなく対等な立場で付き合える」「研究室の共同プロジェクトや授業のグループ活動などに共に取り組むことができる」等の対等な立場で共同の活動を行う期待に関する5項目から構成されるため『対等な協働関係』と

命名した。第2因子は「不安な気持ちになったときに安心させてくれる」「病気になったときやトラブルに巻き込まれたとき助けてくれる」など精神・生活面で信頼できる援助が得られることへの期待に関する5項目から成り『信頼的援助』と命名した。第3因子は「一緒に勉強する」「授業中、隣の席に座る」など行動の共有への期待に関する5項目から成り『共行動』と命名した。第4因子は「同じものをみて同じように感じる事ができる」「共通の学問分野や研究に関心がある」など日本人学生が留学生個人に対して共感し、関心を示すことへの期待に関する4項目から成るため『個人への共感と関心』と命名した。第5因子は「アジアの文化や歴史に興味を持ってくれる」など日本人学生が留学生の出身国や出身地域に関心を持つ期待に関する3項目から構成されるため、『出身地域への関心』と命名した。

　以上のように「友人関係期待」は『対等な協働関係』『信頼的援助』『共行動』『個人への共感と関心』『出身地域への関心』の5因子から構成されることが明らかになった。

　また、それぞれの因子のクロンバック α 係数はすべて $\alpha = 0.8$ 以上となり、いずれも高い内的整合性が確認され、尺度の信頼性が示された。なお、第3章で述べたように青年期の友人関係期待に関する研究では性差が見られたため、 t 検定を行い中国人留学生の友人関係期待には男女差があるか検討を行った結果、有意差は見られなかった。

5.3.1.2　「友人関係に関する体験の否定的認識」の因子分析の結果

　「友人関係に関する体験の否定的認識」の構造を把握するため、前述した「友人関係期待」と同様に主因子法、プロマックス回転による因子分析を行った。ここでは、0.4以上の負荷量から因子の解釈を行い、負荷量の低いものや複数の因子にまたがって負荷が高いものを除外した結果、表5-3のとおり5因子が抽出された。

　第1因子は「自分の性格が悪いと言われた」「自分の母国を傷つけるようなことを言われた」など母国に関する否定的発言や中国人留学生であることに基づく人格や行動に関する非難など、文化的なアイデンティティを傷つけられたことによる差別認識に関する5項目から成り『被差別感』と命名した。

表5-2 「友人関係期待」の因子分析結果

	I	II	III	IV	V
第1因子 対等な協働関係 （a=.909, M=3.901, SD=0.827)					
外国人としてお客様扱いされることなく対等な立場で付き合える	0.955	-0.037	0.035	-0.222	-0.038
コミュニケーションがうまくとれなくても学生として対等な立場で接してくれる	0.911	0.071	-0.026	-0.112	0.007
学生同士対等な立場で付き合える	0.804	-0.053	0.097	-0.036	0.103
研究室の共同プロジェクトや授業のグループ活動などに共に取り組むことができる	0.736	-0.038	-0.059	0.265	-0.109
サークルやクラブの活動で同じ目標に向かって共に活動することができる	0.532	-0.003	0.236	0.145	0.016
第2因子 信頼的援助 （a=.875, M=3.414, SD=0.849)					
不安な気持ちになったときに安心させてくれる	0.007	0.998	-0.060	-0.183	0.045
悩み事や愚痴などを聞いて理解を示してくれる	-0.078	0.840	-0.058	0.161	-0.022
いつでも相談に応じてくれる	0.039	0.676	0.208	-0.146	0.083
プライベートな話をすることができる	-0.054	0.675	0.090	0.049	-0.049
病気になったときやトラブルに巻き込まれたとき助けてくれる	0.072	0.616	0.128	0.094	-0.099
第3因子 共行動 （a=.902, M=3.566, SD=0.839)					
一緒に勉強する	-0.080	0.090	0.811	0.032	-0.013
授業中、隣の席に座る	-0.009	-0.039	0.800	0.039	0.061
一緒に旅行や遊びに行くことができる	-0.002	0.091	0.739	0.054	0.072
昼ごはんを一緒に食べる	0.119	0.072	0.737	-0.054	-0.134
お互いの家を訪問し合える	0.100	-0.059	0.675	0.051	0.042
第4因子 個人への共感と関心 （a=.864, M=3.546, SD=0.778)					
同じものをみて同じように感じる事ができる	-0.264	0.007	0.079	0.872	0.003
共通の学問分野や研究に関心がある	0.083	-0.218	0.120	0.779	0.011
個人としての自分に興味を持ってくれる	0.093	0.234	-0.142	0.566	0.081
積極的に話しかけてくれる	0.293	0.241	-0.143	0.453	0.056
第5因子 出身地域への関心 （a=.842, M=3.619, SD=0.841)					
アジアの文化や歴史に興味を持ってくれる	-0.097	-0.010	0.047	-0.075	0.890
欧米系の留学生とアジア系の留学生に同じように関心を持ってくれる	0.108	-0.017	-0.093	0.074	0.812
自分の母国に関心を持ってくれる	-0.031	0.007	0.063	0.162	0.566
	−	0.602	0.671	0.460	0.546
		−	0.511	0.399	0.516
			−	0.435	0.553
				−	0.621
					−

第2因子は「日本人学生は自分をお客様扱いしていて対等な立場で接してこなかった」「授業のグループ活動や共同研究があっても自分はひとりで作業をしていた」など対等な立場で協働的活動をすることができないという認識に関する6項目から成り『対等な協働関係の不成立』と命名した。第3因子は「日本人学生と一緒に遊ぶ、食事をするなどの約束をしたがその後約束を先延ばしにされて実現しなかった」などの関係形成上で感じる障害に関する3項目から成るため『関係形成の障害』と命名した。第4因子は「国際交流パーティーや国際交流会に参加したが、その場限りの関係で終わってしまった」など交流やコミュニケーションが機能していないという認識に関する4項目から構成されるため『交流不全』と命名した。第5因子は「日本人学生はグループで行動することを好むが自分は個人で行動するほうが好きなので友人になりにくかった」等の日本と中国との交流スタイルの違いによる障害に関する3項目から成り『交流スタイルの相違による障害』と命名した。

　以上のように「友人関係に関する体験の否定的認識」は『被差別感』『対等な協働関係の不成立』『関係形成の障害』『交流不全』『交流スタイルの相違による障害』の5因子から構成されることが示された。また、クロンバック α 係数を求めたところ、すべての因子が α ＝0.6以上となり、一定の内的整合性が認められ、尺度の信頼性が示された。

5.3.1.3　「友人関係期待」と「友人関係に関する体験の否定的認識」との相関分析の結果

　中国人留学生の「友人関係期待」と「友人関係に関する体験の否定的認識」及び属性がどのような相関を持つのか知るため、「友人関係期待」と「友人関係に関する体験の否定的認識」の各因子と属性の相関をピアソンの相関係数によって求めた（表5-4）。なお、ここで分析した属性は、『滞在期間』『年齢』『学年』の3要因で、第2章で概観した先行研究で取り上げられたものである。その結果、「友人関係期待」と「友人関係に関する体験の否定的認識」は、複数の因子間、属性と相互に関連していることが明らかになった。そのため、次目では、「友人関係期待」と「友人関係に関する体験の否定的認識」との重回帰分析を行うこととした。

〈表5-3〉 「友人関係に関する体験の否定的認識」の因子分析結果

	I	II	III	IV	V
第1因子　被差別感　(a =0.851, M=2.200, SD=0.744)					
自分の性格が悪いと言われた	0.814	-0.007	0.058	-0.110	-0.053
自分の行動が非常識だと言われた	0.811	-0.059	-0.046	0.082	-0.030
自分の母国を傷つけるようなことを言われた	0.778	-0.030	0.026	0.106	0.067
自分の外見が目立っており変だと言われた	0.745	0.049	-0.008	-0.003	-0.001
サークルやクラブに入ろうとしたら留学生だという理由で断られた	0.662	0.061	-0.093	0.124	0.030
第2因子　対等な協働関係の不成立　(a =0.771, M=2.567, SD=0.533)					
日本人学生は自分をお客様扱いしていて対等な立場で接してこなかった	-0.033	0.662	0.105	0.017	-0.220
授業のグループ活動や共同研究があっても自分はひとりで作業をしていた	0.094	0.653	0.202	-0.151	-0.005
授業や研究活動では日本人学生と話し合うことなくいつも一人で勉強や研究を行っている	0.097	0.643	-0.241	-0.117	0.141
日本人学生は先輩・後輩という関係を強調するので気軽に友人になりにくかった	-0.259	0.621	-0.018	0.156	0.031
クラブやサークルが同じ日本人学生がいても同じ目標に向かって共に活動に取り組むことができなかった	0.301	0.507	0.007	-0.104	0.015
周りの日本人学生になんとなく近寄り難い雰囲気を感じた	-0.031	0.488	0.065	0.299	0.021
第3因子　関係形成の障害　(a =0.797, M=2.218, SD=0.716)					
日本人学生と一緒に遊ぶ、食事をするなどの約束をしたがその後約束を先延ばしにされて実現しなかった	-0.064	-0.034	0.777	-0.025	-0.030
嫌なことを無理やり頼まれた	-0.013	0.019	0.768	-0.075	0.163
仲良くしようと思ったら日本人学生は自分の母国語を勉強したいと思っていただけだった	0.037	0.074	0.682	0.148	-0.002
第4因子　交流不全　(a =0.655, M=2.796, SD=0.575)					
国際交流パーティーや国際交流会に参加したが、その場限りの関係で終わってしまった	-0.105	0.038	-0.012	0.730	0.043
家に招待してくれなかった	0.041	-0.026	-0.036	0.402	-0.284
日本語での会話なので微妙なニュアンスを伝えたり理解することができなかった	0.151	-0.040	0.072	0.378	0.242
自分が冗談を言っても理解されなかった	0.115	-0.064	0.168	0.469	0.175
第5因子　交流スタイルの相違による障害　(a =0.574, M=2.521, SD=0.625)					
日本人学生はグループで行動することを好むが自分は個人で行動するほうが好きなので友人になりにくかった	0.044	0.019	0.039	-0.207	0.734
日本人学生はお互いに遠慮をすることを好むので親しくなりにくかった	-0.122	0.109	-0.093	0.204	0.646
日本人学生の遊びはお金がかかるので一緒に遊びに行けなかった	0.052	-0.194	0.215	0.002	0.405
	－	0.234	0.346	0.178	0.092
		－	0.352	0.243	0.340
			－	0.188	0.219
				－	0.155
					－

〈表5-4〉 「友人関係期待」と「友人関係に関する体験の否定的認識」、属性の相関分析の結果

	被差別感	対等な協働関係の不成立	関係形成の障害	交流不全	交流スタイルの相違による障害
対等な協働関係	-0.395**	0.324**	-0.090	0.045	0.125
信頼的援助	0.059	-0.065	0.373**	0.173	0.103
共行動	0.134	0.269*	0.014	0.236**	-0.039
個人への共感と関心	-0.058	0.007	-0.021	0.056	0.358**
出身地域への関心	0.212**	0.085	0.009	0.104	0.007
滞在期間	-0.026	0.219*	0.033	0.019	0.087
年齢	0.307**	-0.168	0.108	0.081	0.193*
学年	0.125*	-0.017	-0.066	-0.019	-0.057

**$p<.01$　*$p<.05$（数値は標準偏回帰係数）

5.3.1.4 「友人関係期待」と「友人関係に関する体験の否定的認識」との重回帰分析の結果

　ここでは、「友人関係期待」が「友人関係に関する体験の否定的認識」にどのような影響を及ぼすか検討するため、説明変数を「友人関係期待」及び属性とし、基準変数を「友人関係に関する体験の否定的認識」とする強制投入法による重回帰分析を行った。なお、属性については、先行研究（岩男・荻原, 1988）や相関分析の結果から関連の見られた『滞在期間』『年齢』『学年』とした。分析の結果は表5-5のとおりである。

　まず、『被差別感』には、友人関係期待『対等な協働関係』（$\beta = -.402$ $p<.01$）が負の影響、『出身地域への関心』（$\beta = .217$ $p<.05$）、属性の『年齢』（$\beta = .329$ $p<.05$）が正の影響を及ぼしていた。つまり、友人関係に対等な協働関係を望まず、出身地域への関心を求め、年齢が高い傾向の者は被差別感を認識しやすいことが示された。次に、『対等な協働関係の不成立』には友人関係期待『対等な協働関係』（$\beta = .249$ $p<.05$）と『共行動』（$\beta = .276$ $p<.05$）が

〈表5-5〉 「友人関係期待」、「属性」を説明変数、「友人関係に関する体験の否定的認識」を基準変数とした重回帰分析の結果

	被差別感	対等な協働関係の不成立	関係形成の障害	交流不全	交流スタイルの相違による障害
対等な協働関係	-.402**	0.249*	-0.078	0.053	0.142
信頼的援助	0.025	-0.069	0.491**	0.176	0.060
共行動	0.133	0.276*	0.004	0.217	-0.027
個人への共感と関心	-0.070	0.179	-0.038	0.031	0.432**
出身地域への関心	0.217*	0.002	0.131	0.215	-0.063
滞在期間	-0.115	0.130	0.063	0.072	0.053
年齢	0.329*	0.135	0.067	0.127	-0.220
学年	-0.282	-0.169	-0.123	-0.151	0.111
R^2	0.268**	0.173**	0.261**	0.072	0.193*

$**p<.01$ $*p<.05$ （数値は標準偏回帰係数）

正の影響を及ぼしていた。つまり、対等な協働関係と共行動を求める者は対等な協働関係の不成立の認識を持ちやすいことが示された。また、『関係形成の障害』には、友人関係期待『信頼的援助』（$\beta = .491$ $p<.01$）が正の影響を及ぼしていた。つまり、信頼的援助を求める者は関係形成の障害を認識しやすいことが示された。『交流スタイルの相違による障害』には友人関係期待『個人への共感と関心』（$\beta = .432$ $p<.01$）が正の影響を及ぼしていた。つまり、個人への共感と関心を求める者は交流スタイルの相違による障害を感じやすいことが示された。

　なお、『交流不全』に関しては、有意差が認められなかった。

5.3.2 「友人関係に関する体験の否定的認識」と「友人関係満足度」の関連についての結果（研究2-2）

5.3.2.1 「友人関係に関する体験の否定的認識」と「友人関係満足度」との相関分析の結果

ここでは、「友人関係に関する体験の否定的認識」と「友人関係満足度」がどのような相関を持つのか知るため、「友人関係に関する体験の否定的認識」と「友人関係満足度」の相関をピアソンの相関係数によって求めた。その結果、「友人関係に関する体験の否定的認識」と「友人関係満足度」は、複数の因子間で相互に関連していることが明らかになった。そのため、次目では、「友人関係に関する体験の否定的認識」と「友人関係満足度」との重回帰分析を行うこととした。

5.3.2.2 「友人関係に関する体験の否定的認識」と「友人関係満足度」との重回帰分析の結果

「友人関係に関する体験の否定的認識」を説明変数、「友人関係満足度」を基準変数とする強制投入法による重回帰分析を行った結果、友人関係満足度『被差別感』（$\beta = -.380$ $p<.01$）、『交流不全』（$\beta = -.202$ $p<.01$）が負の影響を及

〈表5-6〉「友人関係に関する体験の否定的認識」を説明変数、「友人関係満足度」を基準変数とした重回帰分析の結果

	友人関係満足度
被差別感	-0.380^{**}
対等な協働の不成立	0.021
関係形成の障害	0.076
交流不全	0.202^{**}
交流スタイルの相違による障害	0.217^{*}
R^2	0.268^{**}

$^{**}p<.01$　$^{*}p<.05$（数値は標準偏回帰係数）

ほしていた（表5-6）。つまり、被差別認識を持ち、交流が機能していないと感じる中国人留学生は友人関係に満足しない傾向が示された。

5.4　考察

5.4.1　研究2-1「友人関係期待」と「友人関係に関する体験の否定的認識」の関連についての考察

まず、「友人関係に関する体験の否定的認識」の『被差別感』に有意な影響を及ぼした『対等な協働関係』期待、『出身地域への関心』期待、属性の『年齢』について考察を行う。『被差別感』については、質問紙調査に先立って行ったインタビューでは「舞踊の授業で、西洋人の友だちを日本人学生が輪になって囲んでいたが自分と同じアジア出身の留学生のところには誰も来なかった」という語りが見られた。これは日本人の欧米志向とアジア蔑視の態度（坪井，1994）や留学生に対する日本人の態度への不満（岩男・荻原，1998）として、約20年前から指摘され続けている問題である。

次に、『対等な協働関係』期待は、上述した接触仮説（Allport, 1954）の2条件、「対等な地位関係」「共通の目標を持つ協働」が揃った状態であるが、インタビューでは「中国には日本のゼミのような活動はなく自分の研究はできるだけ一人でやりたいのでゼミにはほとんど参加していない」等の語りが見られた。ここからは、留学生が双方向的な交流を求めていないということが考えられる。

また、『出身地域への関心』期待については「日本人学生に中国の伝統や文化に興味を持ち、日中の歴史を勉強してほしい」等が語られた。『出身地域への関心』期待を抱く留学生は、自分自身の日本への関心に比べ、日本人学生の留学生の出身地域への関心が低いことにショックを受けていると推測される。

属性の『年齢』に関しては、インタビューでも交流の問題は年齢差にあるという語りが東アジア出身の留学生から多く見られた。例えば、「留学生は自分で学費を稼がなければいけないので、日本人学生に比べ生活も考え方も自立的であるのに対し、年下の日本人学生は学費を稼ぐ必要がないし考え方

も子どもっぽい」という語りや「日本式のやり方・ゼミのスタイルがわからず困っていたが、年下の友だちは声をかけてくれないし、年が違うので自分からは聞きづらく友人になりにくい」という語りが見られた。これらの語りからは、年齢が高い留学生が、留学生活に困難を抱え、日本人学生からの支援を求めていながら、自尊心のために年下の日本人学生をサポートを提供してもらう相手として、また、対等な交流対象として認めていないことが推測される。その背景には、東アジア特有の上下関係を重視する儒教の影響があると考えられる（大渕，2015）。これらのことから、対等な協働関係で双方向的な交流を目指す期待は低いが、留学生の出身地域の文化に対しての関心を一方的に求め、高年齢の傾向にある場合、留学生は自分自身への被害意識や被差別感を感じやすいと考えられる。

　次に、『対等な協働関係の不成立』に影響を及ぼした『対等な協働関係』期待と『共行動』期待について考察を行う。『対等な協働関係』期待に関しては、「授業では日本人学生と一緒に取り組むような活動が少ないので、そういう機会がほしい」という語りがあり、背景として対等な協働関係をつくる機会が大学キャンパスにおいて十分ではないことが推測される。『共行動』期待に関しては、「中国ではお昼ご飯を一人で食べることはほとんどないが、日本ではお昼ご飯を一人で食べることが多い。日本人学生と一緒にご飯を食べたい」等の期待が語られた。また、『対等な協働関係の不成立』に関しては、「グループの共同活動や討論の際に、同じ立場の学生として受入れてもらえなかった」ということが語られた。このように、双方向的な交流への期待や行動の共有への期待が満たされていない場合、留学生は現状に不満を感じていると考えられる。

　さらに、『関係形成の障害』に影響を及ぼしたのは『信頼的援助』期待である。『信頼的援助』期待に関しては、インタビューでは自分の理解者である友人の必要性等が語られていた。これは、園田（2001）の指摘する友人なら双方向的に面倒を見て犠牲を払ってよいという中国文化特有の強い「サポート概念」を反映した期待だと考えられる。また、『関係形成の障害』に関しては、「留学生の母国語を勉強するために近寄ってくる日本人学生とは友だちになれない」等が語られた。ここでは、留学生は、日本人学生が自分の理解者に

なってくれたり、プライベートで助けてくれたりすることを望んでいるものの、実際には、日本人学生が自分を一方的に道具的に使おうとしていることにショックを感じ、期待と現実の差に不満を感じていると考えられる。

最後に、『交流スタイルの相違による障害』に影響を及ぼしているのは、『個人への共感と関心』期待であった。『個人への共感と関心』については、インタビューでは「日本人学生は自分に関心がないように感じるが、日本人のほうから積極的に働きかけてほしい」と語られていた。加えて、『交流スタイルの相違による障害』については、「日本人同士でも遠慮し合っていて友人になりにくそうなのに、留学生が日本人学生と仲良くなるのはさらに難しい」という語りや「授業中は仲良くしていても、授業が終わると皆すぐ帰ってしまうので交流しにくい」等の語りが見られた。つまり、留学生は日本人学生側からの関心や積極的な働きかけを望んでいるが、現実の体験では関心を得られず、交流も進まないため、日本人学生との間に距離を感じていると考えられる。

5.4.2　研究2-2「友人関係に関する体験の否定的認識」と「友人関係満足度」の関連についての考察

まず、「友人関係満足度」に影響を及ぼした『被差別感』『交流不全』について考察を行う。『被差別感』は、外国人に対する日本人の態度・偏見・差別（岩男・荻原，1988）や日本人の欧米志向とアジア蔑視の態度（坪井，1994）として指摘されており、本研究の予備調査においても留学生によって日本人学生の態度や言動から偏見や差別感を感じることが語られている。また、『交流不全』に関しては国際交流パーティーや国際交流会への参加が継続的交流につながらない状況や、微妙なニュアンスを伝えたり理解したりすることができないなど満足なコミュニケーションができないと感じている状況への否定的認識である。ここからは、大学キャンパスにおいて、日本人学生の言動から差別を感じ、日本人学生と友好的な関係に至る交流ができないと感じる中国人留学生は、日本人学生との間に壁を感じ、大学キャンパスでは孤立した状況であるために、友人関係に不満を抱いていることが示された。

以上のことから、中国人留学生の感じる期待と体験の否定的認識との関連

については、本研究の知見として大きく3点のことが明らかになった。第一に、上述したとおり、『対等な協働関係』期待が低く、『出身地域への関心』期待が高く、年齢が高い留学生ほど『被差別感』を感じやすいことが示された。年齢要因については、上下関係を重視する儒教文化の影響だけでなく、本研究の対象である留学生の中でも年齢の高い人は低い人に比べ、歴史教育や愛国主義教育等を受けている可能性がある（小島，2005）。そのため、年齢の高い留学生ほど日本人学生に対し、双方向的な深い交流を求めておらず、自分や自国への関心や尊敬を求めるという一方向的でかなり主観的な期待を持っていたといえ、この期待が被差別感の認識に至っていることが考えられる。

第二に、『対等な協働関係の不成立』『関係形成の障害』『交流スタイルの相違による障害』と影響要因についてで、これらは双方向的交流が達成できなかった結果、生じる否定的認識である。先行研究で述べたとおり、留学生は友人関係期待と実際の体験のずれにより現状に不満を感じ否定的認識を抱くのではないかという予想をしたが、本研究によって、期待が叶わないことが否定的認識と関連していくことが体系的に検証されたと考えられる。

第三に、留学生の日本人学生との友人関係における不満の関連要因は日本人学生から差別され、交流が成立しないという認識であることが実証的に示されたことである。

5.5　結語

第5章（研究2）では、留学生の「友人関係期待」と「友人関係に関する体験の否定的認識」及び「友人関係満足度」の関連について検討した。その結果、「友人関係期待」として『対等な協働関係』『信頼的援助』『共行動』『個人への共感と関心』『出身地域への関心』の5因子が抽出された。また、「友人関係に関する体験の否定的認識」として『被差別感』『対等な協働関係の不成立』『関係形成の障害』『交流不全』『交流スタイルの相違による障害』の5因子が抽出された。これらの結果に基づき、「友人関係期待」と「友人関係に関する体験の否定的認識」の関連を検討するため、重回帰分析を行った結果、まず、『被差別感』に有意な影響を及ぼす変数は『対等な協働関係』

期待、『出身地域への関心』期待、属性の『年齢』であった。次に、『対等な協働関係の不成立』に有意な影響を及ぼす変数は『対等な協働関係』期待と、『共行動』期待であった。また、『関係形成の障害』に有意な影響を及ぼす変数は、『信頼的援助』期待であった。最後に、『交流スタイルの相違による障害』に有意な影響を及ぼす変数は『個人への共感と関心』期待であった。さらに、「友人関係に関する体験の否定的認識」と「友人関係満足度」の関連を検討した結果、「友人関係満足度」と『被差別感』『交流不全』の関連が示された。

　これらの結果から、中国人留学生は、相手に対して一方的な期待を持っており、日本人学生との間に年齢差がある場合、そのことが交流の障害となり被差別感を感じることが明らかになった。さらに、中国人留学生は友人関係への期待が叶わないことで失望し、否定的な認識を持つ傾向が実証的に明らかになった。

　また、日本社会の抱える外国人への偏見や差別の問題や大学キャンパスが抱える異文化間の交流不全の問題により、留学生が日本人学生との間に不満を抱えていることが示された。

　しかし、友人関係に不満がある場合、その原因はどのようなことにあると留学生は認識しているのだろうか。第2章で述べたように、先行研究によると、外集団の人々の好ましくない行動に関しては外集団の人々の態度や能力などの内的要因が原因とされやすい。つまり、留学生は外集団である日本人学生との交流において、日本人学生側の行動が好ましくないと認知し不満を感じた際に、日本人学生側の態度や努力などの要因により原因を帰属させることが推測される。また、他者の行動に原因を感じるとき、人は攻撃的になりやすいとされているため（大渕，1982）、対人関係上の困難を日本人学生側の要因に帰属させる際、好意的な関係が生まれにくいことも考えられる。このことは、外的な原因帰属によって否定的な次の行動へ移行する可能性を示すものであり、重要である。しかし、これまでの原因帰属に関する研究はホスト国やマジョリティの民族集団の人々を内集団とし、彼らから見た外国人やマイノリティの民族集団等の外集団との関係について検討を行ったものがほとんどである。また、留学生の日本人学生に対する交流の原因帰属についての調査は数少なく体系的な検討が行われていない。

先述のように、中国出身の留学生はアンビバレントな感情（加賀美他，2008）を持つことが推測されるため、日本人集団に対する原因帰属が否定的感情を引き起こし、友好関係を阻むことが考えられる。以上より、中国人留学生の友人関係に関する体験の否定的認識と友人関係における不満の原因帰属との関連について検討する必要がある。そこで、第6章（研究3）では中国人留学生の友人関係に関する体験の否定的認識、友人関係における不満及び原因帰属の関連について検討する。

第6章

中国人留学生の友人関係に関する体験の否定的認識と友人関係への不満の原因帰属の関連について（研究3）

6.1　研究目的

　第5章（研究2）では、留学生は友人関係に関する期待と実際の体験のずれにより様々な否定的認識を抱いていることが明らかになった。また、否定的認識のうち、被差別感、交流不全の要因が留学生の友人関係のへの不満と関連することが示された。

　さらに、第2章で述べたように、人には基本的な帰属の誤り（Ross, 1977）の傾向があり、在日留学生は、日本人学生との友人関係に不満を感じ日本人学生側の行動が好ましくないと認知した際に、日本人学生側の態度や努力などの要因に、原因を帰属させやすいことが推測される。

　そこで本研究では、友人関係に不満を持つ中国人留学生を対象として「留学生の友人関係に関する体験の否定的認識」と「友人関係不満の原因帰属」の関連はどのようなものか、検討する（研究3）。

6.2 方法

6.2.1 対象者・調査時期・調査手続き

本研究は、第5章（研究2）と同様に、2008年9月から10月にかけて、調査を実施した。質問紙の回収率は83％で、回答に著しく不備があったものを除いた結果、有効回答数は119部となった。研究3では、このうち「友人関係満足度」において、友人関係への不満を示す「あまり満足していない」及び「まったく満足していない」の2項目を回答した「友人関係不満」の71名を対象に統計的分析を行った。対象者の主な属性については表6-1のとおりである。

6.2.2 質問紙作成

予備調査、質問紙の再調整、質問紙の構成については第5章（研究2）と同様であるためここでは詳述を省く。質問紙は「友人関係期待」34項目、「友人関係に関する体験の否定的認識」40項目、「友人関係満足度」1項目、「友人関係不満の原因帰属」9項目、及び「フェイスシート」で構成される。このうち第6章（研究3）では「友人関係に関する体験の否定的認識」「友人関係満足度」「友人関係不満の原因帰属」について分析を行う。

〈表6-1〉 研究3の調査対象者の属性

性別	男性33名（46.5％）／女性38名（53.5％）
年齢	20歳以上25歳未満29名（40.8％）／25歳以上30歳未満41名（57.7％）／30歳以上1名（1.4％）
日本滞在期間	1年未満6名（8.5％）／1年以上3年未満25名（35.2％）／3年以上5年未満31名（43.7％）／5年以上9名（12.7％）
日本語能力	初級8名（11.3％）／中級7名（9.9％）／上級56名（78.9％）
学年	学部生64名（90.1％）／修士7名（9.9％）
国公立・私立	国立12名（16.9％）／私立59名（83.1％）
理系・文系	理系20名（28.6％）／文系49名（70％）／不明2名（2.8％）

第2部　友人関係に関する期待と体験の否定的認識及び関連要因

「友人関係に関する体験の否定的認識」「友人関係満足度」についても第5章（研究2）と同様の教示文及び評定法を用いた。また、「友人関係満足度」において、周りの日本人学生との友人関係にどの程度満足しているか、当てはまる程度をたずね、「あまり満足していない（2）」及び「まったく満足していない（1）」の2項目に回答した対象者は「友人関係への不満に関する原因帰属」の質問項目に回答するよう指示文を設けた。「友人関係への不満に関する原因帰属」は友人関係への不満の原因は何にあると思うか、当てはまる程度をたずね、「とても当てはまる（5）」〜「まったく当てはまらない（1）」までの5段階評定を用いて回答を求めた。

6.3　結果

6.3.1　「友人関係に関する体験の否定的認識」と「友人関係不満の原因帰属」の因子分析の結果

「友人関係に関する体験の否定的認識」については80名を対象とし、因子分析を行った結果、第5章（研究2）の119名を対象とした因子分析と同様に、『被差別感』『対等な協働関係の不成立』『関係形成の障害』『交流不全』『交流スタイルの相違による障害』の5因子が抽出された（表5-3）。なお、第5章（研究2）で、第2因子が『対等な協働関係の不成立』、第3因子が『関係形成の障害』であったが、第2因子は『関係形成の障害』で、第3因子は『対等な協働関係の不成立』であった。

また、第3因子『対等な協働関係』の項目数が5項目から4項目に、第4因子『交流不全』の項目数が4項目から3項目に減少した。このように、項目数は変化したが、5因子構造と因子内容は変わらないこと、クロンバック α 係数もすべての因子が α =0.8以上となり、高い一貫性が認められたことから、ここで得られた因子分析結果を以後の分析に用いることとした。

次に、「友人関係不満の原因帰属」の構造を把握するため、主因子法、プロマックス回転による因子分析を行い、因子負荷が低い項目（.35以下）や複数の因子にまたがって高い項目を削除した結果、3因子が抽出された。第1

〈表6-2〉 「友人関係に関する体験の否定的認識」の因子分析結果

	I	II	III	IV	V
第1因子 被差別感 (a=0.876, M=2.328, SD=0.727)					
自分の性格が悪いと言われた	0.854	-0.024	-0.004	-0.230	0.081
自分の行動が非常識だと言われた	0.743	-0.140	-0.072	-0.023	0.171
サークルやクラブに入ろうとしたら留学生だという理由で断られた	0.678	0.087	0.018	0.052	-0.188
自分の外見が目立っており変だと言われた	0.666	0.070	-0.049	0.086	0.124
自分の母国を傷つけるようなことを言われた	0.647	0.028	-0.064	-0.072	-0.038
第2因子 関係形成の障害 (a=0.866, M=2.464, SD=0.705)					
嫌なことを無理やり頼まれた	-0.077	0.944	0.099	-0.217	0.018
仲良くしようと思ったら日本人学生は自分の母国語を勉強したいと思っていただけだった	0.154	0.777	0.023	0.099	-0.093
日本人学生と一緒に遊ぶ、食事をするなどの約束をしたがその後約束を先延ばしにされて実現しなかった	-0.041	0.683	-0.186	0.147	0.147
第3因子 対等な協働関係の不成立 (a=0.853, M=2.762, SD=0.454)					
日本人学生は先輩・後輩という関係を強調するので気軽に友人になりにくかった	-0.173	-0.039	0.830	0.068	-0.099
授業のグループ活動や共同研究があっても自分は一人で作業をしていた	0.120	0.026	0.648	-0.055	0.252
日本人学生は自分をお客様扱いしていて対等な立場で接してこなかった	-0.089	-0.011	0.618	0.057	0.214
授業や研究活動では日本人学生と話し合うことなくいつも一人で勉強や研究を行っている	0.132	-0.016	0.585	-0.102	-0.180
第4因子 交流不全 (a=0.822, M=2.796, SD=0.575)					
国際交流パーティーや国際交流会に参加したが、その場限りの関係で終わってしまった	-0.105	0.038	-0.012	0.730	0.043
家に招待してくれなかった	0.041	-0.026	-0.036	0.402	-0.284
日本語での会話なので微妙なニュアンスを伝えたり理解することができなかった	0.151	-0.040	0.072	0.378	0.242
第5因子 交流スタイルの相違による障害 (a=0.803, M=2.699, SD=0.553)					
日本人学生はグループで行動することを好むが自分は個人で行動するほうが好きなので友人になりにくかった	-0.047	-0.020	0.034	-0.068	0.461
日本人はお互いに遠慮することを好むので親しくなりにくかった	0.035	0.174	0.094	0.090	0.452
日本人学生の遊びはお金がかかるので一緒に遊びに行けなかった	0.049	0.124	0.019	0.123	0.438
	–	0.144	0.296	0.062	0.194
		–	0.059	0.084	0.070
			–	-0.028	0.223
				–	0.351
					–

第2部 友人関係に関する期待と体験の否定的認識及び関連要因

因子は「文化が違うから」「周囲の環境が良くないから」などの社会的な外的要素に関する３項目から構成されるため『社会的外的要因』と命名した。第２因子は「自分が努力しなかったから」「自分が積極的ではなかったから」という中国人留学生自身の内的要素に関する２項目から成るため『人的内的要因』と命名した。第３因子は「相手が積極的ではなかったから」「相手の自分に対する態度が良くないから」などの日本人学生側の外的要素に関する３項目から構成されるため『人的外的要因』と命名した（表6-3）。

〈表6-3〉 「友人関係不満の原因帰属」の因子分析結果

	I	II	III
第1因子　社会的外的要因（$\alpha = 0.852, M = 3.036, SD = 0.736$）			
たまたまそうであったから	0.877	-0.055	0.031
文化が違うから	0.792	-0.080	-0.097
周囲の環境が良くないから	0.773	0.085	0.068
第2因子　人的内的要因（$\alpha = 0.823, M = 3.774, SD = 0.717$）			
自分が努力しなかったから	0.103	0.730	0.110
自分が積極的ではなかったから	-0.160	0.654	-0.014
第3因子　人的外的要因（$\alpha = 0.819, M = 3.611, SD = 0.803$）			
相手が積極的ではなかったから	-0.064	0.072	0.733
相手の自分に対する態度が良くないから	-0.046	-0.329	0.481
相手が努力しなかったから	0.134	0.153	0.421
	−	-0.044	0.088
		−	0.057
			−

6.3.2 「友人関係に関する体験の否定的認識」と「友人関係不満の原因帰属」の相関分析の結果

中国人留学生の「友人関係に関する体験の否定的認識」と「友人関係不満の原因帰属」及び属性がどのような相関を持つのか知るため、「友人関係に関する体験の否定的認識」と「友人関係不満の原因帰属」の各因子及び『滞在期間』『年齢』『学年』の３つの属性要因の相関をピアソンの相関係数によって求めた（表6-4）。その結果、「友人関係に関する体験の否定的認識」と「友

〈表6-4〉 「友人関係に関する体験の否定的認識」「友人関係不満の原因帰属」、属性の相関分析の結果

	社会的外的要因	人的内的要因	人的外的要因
被差別感	0.038	-0.468**	0.429**
対等な協働の不成立	0.040	-0.045	-0.084
関係形成の障害	-0.013	-0.148*	-0.185
交流不全	0.453**	-0.089	0.172
交流スタイルの相違による障害	0.061	-0.192	0.252*
滞在期間	-0.18	-0.096	0.053
年齢	-0.147	-0.022	0.022
学年	0.049	-.270**	0.073

**$p<.01$　*$p<.05$ （数値は標準偏回帰係数）

人関係不満の原因帰属」は、複数の因子間、属性と相互に関連していることが明らかになった。そのため、次項では、「友人関係に関する体験の否定的認識」と「友人関係不満の原因帰属」、属性との重回帰分析を行うこととした。

6.3.3 「友人関係に関する体験の否定的認識」と「友人関係不満の原因帰属」の重回帰分析の結果

「友人関係に関する体験の否定的認識」と「友人関係不満の原因帰属」の関連を明らかにするため、「友人関係に関する体験の否定的認識」及び属性の「学年」を説明変数、「友人関係不満の原因帰属」を基準変数とする強制投入法による重回帰分析を行った（表6-5）。なお、属性の「学年」は前項の相関分析において相関が見られたため採用した。分析の結果、『社会的外的要因』には友人関係に関する体験の否定的認識『交流不全』（$\beta=.514$ $p<.001$）が正の影響を及ぼしていた。つまり、交流やコミュニケーションが機能していないと感じる留学生は友人関係に対する不満の原因を環境や文化差などの『社会的外的要因』に帰属させる傾向が明らかになった。さらに、『人的内的要因』には『被差別感』（$\beta=-.384$ $p<.01$）と『学年』（$\beta=-.249$ $p<.05$）が負の影響を及ぼしていた。つまり、被差別感が少なく、低学年の留学生は

第2部　友人関係に関する期待と体験の否定的認識及び関連要因

〈表6-5〉「友人関係に関する体験の否定的認識」「学年」を説明変数、「友人関係不満の原因帰属」を基準変数とした重回帰分析の結果

	社会的外的要因	人的内的要因	人的外的要因
被差別感	0.094	0.384**	0.524**
対等な協働の不成立	0.023	-0.018	-0.170
関係形成の障害	-0.048	-0.105	-0.087
交流不全	0.514***	-0.004	0.041
交流スタイルの相違による障害	0.131	-0.258	0.258
学年	0.168	-0.249*	0.076
R^2	0.249**	0.296**	0.325**

***$p<.001$ **$p<.01$ *$p<.05$（数値は標準偏回帰係数）

自身の努力不足など『人的内的要因』に原因を帰属させる傾向が示された。加えて、『人的外的要因』には『被差別感』（$\beta=.524$ $p<.01$）が正の影響を及ぼしていた。被差別感が強い留学生は日本人学生側の消極性などの『人的外的要因』に原因を帰属させる傾向が示された。

6.4 「友人関係に関する体験の否定的認識」と「友人関係不満の原因帰属」の関連についての考察

　まず、『社会的外的要因』に『交流不全』が影響を及ぼした結果について考察する。『交流不全』は大学キャンパスにおいて異文化間交流が機能していないことに対する否定的認識である。それゆえ、この認識を持つ中国人留学生は友人関係不満の原因を大学キャンパスの環境の不備などの『社会的外的要因』に帰属させる傾向があると考えられる。

　次に、『人的内的要因』に『被差別感』『学年』が影響を及ぼした結果について考察する。学年の低い中国人留学生は日本の大学での生活に慣れ適応していくことが必要とされるため、周囲の日本人学生との交流に目を向ける時

間や機会が比較的少ないことが考えられる。そのため、被差別感の認知が低く、友人関係において不満があるものの留学生自身の努力が足りないなど、自分に原因を帰属させていることが示された。

　また、『人的外的要因』には『被差別感』が影響を及ぼした結果からは、日本人学生の差別的な言動から被差別感を強く感じる中国人留学生は友人関係の不満を日本人学生の努力不足や積極性の足りなさなどの原因に帰属させることが示された。先述のとおり、一般的に人は外集団の好ましくない行動を外集団の人々の態度の問題に帰属させるバイアスがあるため、日本人学生側からの差別的な言動への認知の際にもこのバイアスが生じており、友好的な関係が構築されにくくなることが考えられる。

6.5　結語

　本研究では、友人関係に不満を持つ中国人留学生を対象に、「友人関係に関する体験の否定的認識」の因子分析を行った結果、『被差別感』『関係形成の障害』『対等な協働の不成立』『交流不全』『交流スタイルの相違による障害』の5因子が得られ、「友人関係不満の原因帰属」の因子分析の結果、『社会的外的要因』『人的内的要因』『人的外的要因』の3因子が得られた。また、「友人関係に関する体験の否定的認識」と「友人関係不満の原因帰属」の関連を検討した結果、『社会的外的要因』には『交流不全』『人的内的要因』には『被差別感』及び『学年』『人的内的要因』には『被差別感』が影響を及ぼしていた。

　これらの結果から、交流不全感を感じる場合、友人関係に対する不満の原因を大学の環境などの社会的外的要因を帰属させること、被差別感が低く学年の低い場合、留学生自身の努力不足など人的内的要因に原因を帰属させること、被差別感が高い場合、日本人学生の交流への消極性などの人的外的要因に原因を帰属させる傾向が示された。

　ここで、第4章（研究1）から第6章（研究3）までの研究においてどのようなことが問題になったか整理する。まず、第4章（研究1）では友人形成を促進する要因として制度的支援と留学生の積極性が関連していることが

明らかにされた。しかし、第4章（研究1）では、対象者によって大学や居住地域が異なっていたため、具体的にどのような条件を持つ制度的支援が友人形成を促進するのかということは明らかにされていない。また、制度的支援が留学生の交流相手である日本人学生側や集団間の接触における友人形成においてどのように関連するのか明らかにされていない。

　さらに、第5章（研究2）では留学生の友人関係に関する期待が実際には叶えられておらず、否定的認識をもたらし交流が滞っていることが実証された。続いて第6章（研究3）では、友人関係に関する体験の否定的認識の中でも特に被差別感を感じる場合、友人関係の不満を日本人学生側に帰属させる傾向が認められ、友人関係が生じにくいことが示された。このことから、留学生を受入れる大学側が、留学生と日本人学生が友人関係を育む環境を整備していかなければ、友人関係が生じず、留学生の友人関係に関する不満の問題も解決されないと考えられる。

　以上の問題を踏まえて、第7章（研究4）では、中国人留学生の友人関係不満に関する原因帰属と日本人イメージの関連について検討を行う。中国人留学生の個々の友人関係に関する不満の原因帰属の仕方が日本人全体のイメージに影響を与えていると考えられるが、留学生がホスト住民との対人関係や友人としての付き合いについて原因帰属をどのように行い、それが日本イメージとどのように関連しているのかということについて検討を行った研究は数少ない。関連する研究として、留学生が日本人から差別的な態度や行動をとられたと認識する場合に、日本イメージにどのような影響があるのか検討が行われている。福田・森（1996）は、中国人留学生は差別経験がある場合、「友好的」「あたたかい」「誠実」など日本人の人格や倫理感のイメージが低く、日本人をネガティブに評価することを示した。また、李（2005）の研究においても同様に中国人留学生が差別を経験することで日本人をネガティブに評価する結果が出ている。

　さらに、先述の葛（2007）では、留学生の友人関係と日本イメージの関連について、来日後、日本イメージが上昇したポジティブ群は、生活や勉強等で友人関係を楽しみ、ホスト国の友人との交流を積極的に評価していた。日本イメージが下降したネガティブ群は、友人の数が少なく、付き合いにくさ

を感じていたことが示された。また、李（2005）では、日本人の友人が多く、付き合いが深い留学生ほど、日本人について「親切」「信頼できる」「礼儀正しい」「素質が高い」「人情的」などプラスイメージが見出されている。以上のことから、留学生が友好的な関係を形成している場合には、日本人イメージはポジティブなものになるが、友人関係が形成できなかったり、否定的な出来事を体験している場合には、日本や日本人イメージはネガティブなものになることが示唆されている。

第7章

中国人留学生の友人関係不満に関する原因帰属と日本人イメージの関連について（研究4）

7.1　研究目的

　第6章では、留学生と日本人学生の交流において、留学生が否定的な認識をし、友人関係に不満を持つ場合にどのように原因を帰属させるのか検討した。その結果、友人関係への不満の原因帰属として、『人的内的要因』『人的外的要因』『社会的外的要因』の因子が抽出された。また、交流不全感を感じる留学生は友人関係に対する不満の原因を大学の環境などの『社会的外的要因』に、被差別感が少なく学年の低い留学生は留学生自身の努力不足など『人的内的要因』に、被差別感が強い留学生は日本人学生の交流への消極性などの『人的外的要因』に原因を帰属させる傾向が示された。このことから、友人関係に関する体験の否定的認識がどのような認識であるかということにより、友人関係不満に関する原因帰属の仕方が異なる傾向が認められた。しかし、留学生の日本人学生との個別の友人関係に関する不満の原因帰属の仕方が日本人全体のイメージ[1]にどのような影響を及ぼすのかということについては検討されていない。そこで、本研究では、中国人留学生の友人関係不満に関する原因帰属と日本人イメージの関連について検討を行う。

7.2 方法

7.2.1 対象者・調査時期・調査手続き

　本研究は、第5章（研究2）・第6章（研究3）と同様に、2008年9月から10月にかけて、留学生教育関係者及び留学生を通して、日本の大学・大学院に所属する留学生に質問紙を配布し、調査を実施した。質問紙の回収率は83％で、回答に著しく不備があったものを除いた結果、有効回答数は119部となった。研究4と同様に、このうち「友人関係満足度」において、友人関係への不満を示す「あまり満足していない」及び「まったく満足していない」の2項目を回答した「友人関係不満」の71名を対象に統計的分析を行った。対象者の属性は表6-1のとおりである。

7.2.2 質問紙作成

　質問紙の作成についても、第5章（研究2）・第6章（研究3）と同様に行い、質問項目のうち、「友人関係満足度」1項目、「友人関係への不満の原因帰属」9項目、「日本人イメージ」19項目[2]を分析に用いた。また、「友人関係満足度」において、周りの日本人学生との友人関係にどの程度満足しているか、「とても満足している（5）」～「まったく満足していない（1）」までの5段階評定により当てはまる程度をたずね、「あまり満足していない（2）」及び「まったく満足していない（1）」の2項目に回答した対象者は「友人関係への不満に関する原因帰属」の質問項目に回答するよう指示文を設けた。「友人関係への不満に関する原因帰属」は友人関係への不満の原因は何にあると思うか、当てはまる程度をたずね、「とても当てはまる（5）」～「まったく当てはまらない（1）」までの5段階評定を用いて回答を求めた。「日本人イメージ」については岩男・荻原（1988）および加賀美（2013b）を参考に日本の様相を表すと考えられる19対の形容詞項目を挙げ、SD法により一般的に日本人のイメージについて当てはまる程度をたずね、「どちらともいえない（0）」～「非常に当てはまる（±2)」までの5段階評定を用いて回答を求めた。

第2部　友人関係に関する期待と体験の否定的認識及び関連要因

7.3 結果と考察

7.3.1 「日本人イメージ」の因子分析結果

「日本人イメージ」の構造を把握するため、主因子法、プロマックス回転による因子分析を行い、因子負荷が低い項目（.35以下）や複数の因子にまたがって高い項目を削除した結果、4因子が抽出された。第1因子は「正直な」「好き」などの7項目から構成されるため『親和性』と命名した。第2因子は「集団の結束力が強い」「規則を厳格に守る」などの3項目から構成されるため『集団主義的先進性』と命名した。第3因子は、「自己主張が強い」「自由な」などの3項目から構成され『開放性』と命名した。第4因子は「権威主義的な」「理解しにくい」などの3項目から構成されるため『権威性』と命名した（表7-1）。

7.3.2 「友人関係不満の原因帰属」と「日本人イメージ」の関連についての結果と考察

「友人関係不満の原因帰属」については、第6章（研究3）で抽出された『社会的外的要因』『人的内的要因』『人的外的要因』の3因子を用いた。「友人関係不満の原因帰属」と「日本人イメージ」の関連を明らかにするため、「友人関係不満の原因帰属」及び「年齢」を説明変数、「日本人イメージ」を基準変数とする強制投入法による重回帰分析を行った（表7-2）。その結果、『親和性』に有意な影響を及ぼす変数は『人的内的要因』及び『年齢』で、友人関係への不満の原因を留学生自身に帰属させ、年齢が低い場合、日本人に対して親和的なイメージを持つ傾向が示された。また、『権威性』に有意な影響を及ぼす変数は『人的外的要因』で、友人関係への不満の原因を日本人学生側に帰属させる場合、日本人に対して権威的なイメージを持つ傾向が示された。なお、『集団主義的先進性』『開放性』に関しては、有意差が認められなかった。以上より、中国人留学生の友人関係への不満の原因帰属と日本人イメージの関連が示された。

〈表7-1〉 日本人イメージの因子分析結果

	I	II	III	IV
第1因子　親和性（α=.852, M=2.498, SD=1.018）				
正直な	0.847	-0.089	-0.016	0.040
好き	0.792	-0.127	-0.058	-0.140
安全な	0.605	0.268	0.003	-0.028
穏やかな	0.573	0.074	0.072	-0.013
親切な	0.570	0.050	0.166	-0.019
信頼できる	0.525	0.195	0.064	0.130
あたたかい	0.515	-0.015	-0.029	0.204
第2因子　集団主義的先進性（α=.703, M=2.439, SD=0.956）				
集団の結束力が強い	-0.063	0.873	-0.027	-0.091
規則を厳格に守る	0.268	0.643	-0.188	-0.036
勤勉	-0.061	0.520	0.269	0.150
第3因子　開放性（α=.686, M=2.650, SD=1.028）				
自己主張が強い	-0.155	0.211	0.727	0.004
自由な	0.186	-0.169	0.715	-0.216
男女平等な	0.058	-0.120	0.528	0.190
第4因子　権威性（α=.657, M=2.547, SD=0.831）				
権威主義的な	0.027	-0.174	0.071	0.647
理解しにくい	0.110	-0.060	-0.088	0.614
親しみにくい	-0.129	0.180	-0.098	0.486
	－	0.128	0.093	0.085
		－	0.069	0.047
			－	0.010
				－

7.3.3　結果のまとめと考察

　友人関係への不満の原因帰属と日本人イメージの関連について本研究から得らえた知見について述べる。まず、『親和性』に「人的内的要因」および「年齢」が影響を及ぼした結果に関しては、自身の個人的要因に原因を帰属させ

〈表7-2〉　「友人関係不満の原因帰属」を説明変数、「日本人イメージ」を基準変数とした重回帰分析の結果

	親和性	集団主義的 先進性	開放性	権威性
人的外的要因	0.392**	-0.083	0.195	0.006
社会的外的要因	0.208	-0.035	0.027	-0.095
人的内的要因	0.001	0.066	0.188	0.454***
年齢	-0.236*	-0.098	-0.028	0.176
R^2	0.275***	0.021	0.103	0.233**

***$p<.001$　**$p<.01$　*$p<.05$　（数値は標準偏回帰係数）

　る場合、日本人に対する友好的な態度である親和性のイメージを持つ傾向が示された。これは、先述の加賀美・大渕（2004）において示されている中国人学生が葛藤の原因を個人的要因に帰属させる場合に対決方略が選択されにくいという傾向と類似する結果である。友人関係への不満の原因が自己要因であると考える場合は、今後努力することで、状況が改善されるのだと認識している可能性があり、日本人に対するイメージが低下しないことが推測される。また、年齢については、第5章（研究2）では、出身地域に対しての関心を一方的に求め、年齢が高い中国人留学生の場合、その留学生は被差別感を感じやすい傾向が示されている。本研究で得られた結果からは、年齢が低い中国人留学生の場合は、日本人学生との交流経験が浅いために、自身の置かれている状況に対し楽観的な考えを持っていることが推測できる。さらに、田中・岡村・加賀美（2015）では、日本における台湾出身者の日本イメージについて、所属・立場による分析を行い、交換留学生（学部生）の肯定的日本イメージが最も高く、次いで大学院生であり、社会人の肯定的日本イメージが最も低いことが示されている。つまり、低年齢で日本人に対して親和的な認識を持つ中国人留学生も様々な交流経験を積むうちに日本人への肯定的なイメージが否定的なイメージへと傾斜してしまうことも推測しうる。

次に、『権威性』に「人的外的要因」が影響を及ぼした結果について考察する。この結果からは、友人関係に関する不満の原因を日本人側に帰属させる場合は、日本人に対する支配的な態度である権威性のイメージを持つことが示された。これは、先述の自己奉仕バイアスや社会的アイデンティティ理論で述べられている外集団への否定的態度の形成を支持する結果である。中国人留学生が友人関係に関して不満を持ち、相手集団側に原因を帰属させる場合には、相手集団に否定的な態度を持つことにより自己肯定感を保ったり、メンタルヘルスの低下を防いだりしていることが考えられる。また、友人関係において留学生自身が努力をして問題を改善したり困難を克服する意思がなかったり、これ以上交流することをあきらめてしまい無力さを感じているために、日本人の権威性を強く感じていることも考えられる。さらに、権威性は、過去の戦争における日本人の植民地支配における権威者としてのイメージに関連していることも推測できる。加賀美（2004）では、日本人教師と外国人学生の葛藤場面において、葛藤原因を教師要因に帰属し対決方略を選択した留学生は日本人教師を外集団とみなし異文化の権威者として同化を強いていると感じた可能性があると解釈している（加賀美，2007a）。本研究の対象者である中国人留学生は友人関係における否定的な出来事が生じた際に、その原因が日本人や日本人学生側にあると感じる場合、過去の歴史から日本人に対する権威者としてのイメージが想起される可能性が示唆された。このような日本人に対する認識を持つとき、中国人留学生は日本社会において孤立した存在となり、留学生が日本人と対峙していくことになると考えられる。

　これらのことから、今後は、上述の結果を生かして、大学キャンパスにおいて中国人留学生が、日本人学生や日本人との豊かな交流経験が積めるような機会を提供し、肯定的なイメージを維持し否定的なイメージを改善していくような教育や支援が重要であろう。解決策としては、例えば、加賀美（2001；2006a）などにおいては、留学生の友人形成を促進させるためには、一時的に不可避な異文化接触を設定し、組織と個人を刺激し学生の意識の変容を試みる行為である教育的介入が有効であることが示されている。教育的介入の具体例としては、アジア諸国の留学生と日本人学生を対象とした異文化理解プログラムが開発され、実施されている（加賀美・守谷・朴・岡村・村越・夏，

2013)。これは、フィールドワークなどで構成される異文化理解プログラムへの参加後に、参加者自身が教育プログラムの開発を行う実践で、プログラム参加者は、アジア地域の過去の文化交流の歴史文化の融合性への気づき、多角的視点の獲得、理解の深化、既存の世界遺産・文化財観から新たな価値観への変化などの学びを得ており、教育的介入の効果が実証されている。また、第4章（研究1）においても、中国人留学生の友人形成を促進する一因として大学の制度的支援が示されている。こうした大学側の交流支援を拡張し継続するとともに、留学生教育に携わる支援者や教員は異文化滞在者がホスト社会に対して持つ外集団へのバイアスや否定的な認識を知ることが重要であろう。また、東アジア圏の留学生特有の歴史認識やアンビバレントな感情への理解や配慮も必要だと考える。黄・小松・加賀美（2014）では、中国人留学生が日中間に領土問題が生じた際に、日中の外交関係の悪化や戦争、日本人との関係悪化に対して不安を抱くこと、その不安により、領土問題について日本人と話すことを回避する傾向があることが示されている。中国人留学生は領土問題など過去の歴史に結びつく出来事が生じる際、日本での日本人との交流に困難を抱え苦しい立場に置かれていると考えられる。こうしたことに対して、大学の教員や交流支援者のみではなく日本社会全体が留学生や在日外国人の立場に配慮できる態度が必要だと考えられる。また、中国人留学生自身には、対人関係上の問題や葛藤を客観的に見つめ、日本人との交流に関する問題を留学生自身にある原因、日本人側の原因、環境的障壁など多角的に判断することや、交流上の困難を乗り越えるためのさらなる努力や積極性が必要とされる。また、こうした客観的な判断や努力は留学生と日本人学生の友人関係構築において、日本人学生側にも同様に必要とされることであろう。

7.4　結語

第7章（研究4）では、中国人留学生の「友人関係に対する不満の原因帰属」と「日本人に対するイメージ」の関連性について検討した。その結果、「日本人イメージ」として、『親和性』『集団主義的先進性』『開放性』『権威性』

の4因子が抽出された。また、「友人関係不満の原因帰属」及び「年齢」を説明変数、「日本人イメージ」を基準変数とする強制投入法による重回帰分析を行った結果、以下の傾向が明らかになった。まず、『親和性』に有意な影響を与える変数は、『人的内的要因』および『年齢』であり、友人関係の不満の原因を留学生自身に帰属させ、かつ年齢が低いほど、日本人に対して親和的なイメージを持つ傾向が示された。また、『権威性』に有意な影響を与える変数は、『人的外的要因』であり、友人関係の不満の原因を日本人学生側に帰属させる場合、日本人に対して権威的なイメージを持つ傾向が示された。これらの結果から、中国人留学生が日本人学生との友人関係に不満を抱き、その原因を日本人学生側に帰属させた場合、日本人全体に対する否定的な認識へと広がる可能性が示された。否定的な認識が日本人や日本社会全体に及ぶと、日本人学生との間の友人関係構築は一層困難になり、悪循環を引き起こす可能性がある。第3章でみてきたように、友人形成を促進させるためには大学側の働きかけが有効であるとされている。そのうち、教育的介入は異文化間交流の問題を改善するための取り組みとして有効性が示唆されているが（加賀美, 2001；2006a）、関連する研究は寡少である。そこで第3部では、第2部で示された留学生と日本人学生の交流における問題を改善するための具体的な方法論の考察のため、異文化間交流を促進する効果があるとされる教育的介入を理論的基盤とした具体的な取り組みである多文化交流合宿や国際交流グループの活動に参加した留学生と日本人学生を対象に、教育的介入による学びと異文化間交流の継続性について検討する。

【註】

註1　中沢（1979）によると、イメージとは、心の中につくる心像のことである。一方、御堂岡（1992）はイメージを「それが指し示す対象についての知覚された諸特性で、その対象がどのようなものかということについての個人が持つ概念」と定義している。また、イメージの概念は、態度、意見、偏見、ステレオタイプといった態度変数と知識を含み、別の文化集団の文化、成員について持つイメージの複合体が、その文化集団についての理解の仕方につながることを指摘している。つまり、イメージは個人の体験により形成されるものであり、外集団の文化や外集団に属する人々に関するイメージは、その集団に対する態度や認識

に関連するといえる。

註2　「日本人イメージ」の質問項目（形容詞対）19項目の内容は、「規則を厳格に守る－規則を厳格に守らない」「科学技術が進んでいる－科学技術が進んでいない」「集団の結束力が強い－集団の結束力が弱い」「親しみにくい－親しみやすい」「自由な－不自由な」「明るい－暗い」「穏やかな－攻撃的な」「理解しにくい－理解しやすい」「あたたかい－冷たい」「権威主義的な－自由主義的な」「男女平等な－男女不平等な」「強い－弱い」「好き－きらい」「正直な－正直でない」「信頼できる－信頼できない」「安全な－危険な」「親切な－不親切な」「勤勉－怠け者」「自己主張が強い－自己主張が弱い」である。

第3部

友人形成に向けた教育的介入

第8章

教育的介入によって日本人学生と中国人留学生はどのような学びを得たか（研究5）

8.1　問題の所在と研究目的

　第3章で述べたように、友人形成は異文化適応を促進する機能を持つため、友人形成の有無は留学生にとって円滑な留学生活を送れるかどうかという点で重要な問題である。また、留学生のみではなく日本人学生に対しても留学生との友人形成が重要であることが先行研究によって示されている。例えば、坪井（1994）は、日本人学生が国際的視野を持ち自己成長を遂げるのに有効であることを述べている。また、神谷・中川（2002）は、留学生と日常的な交流のある日本人学生は交流のない者よりも大学への適応が良好な傾向を示している。

　また、第4章（研究1）においては、留学生の友人形成を促進する要因として、大学の制度的支援が有効であることが示唆された。このことからは、大学側の異文化間の友人形成促進のための働きかけや環境づくりが重要であることが推測できる。しかし、具体的にどのような制度的支援が友人形成の促進と関連するのかということについては明らかにされていない。

　大学の制度的支援に関する取り組みに関して、先述のように教育的介入は留学生と日本人学生の友人形成に関連することが先行研究により示唆されている。加賀美（2006a）は、2002年度第1回「留学生と日本人学生の国際教

育交流シンポジウム[1]」（以下、多文化交流合宿とする）で実施された教育的介入が参加者の多文化理解態度の観点からどのように効果があるか分析している。ここで行われた教育的介入は、異なる文化や価値観への気づきを促すための異文化シミュレーション・ゲーム（加賀美，2006a）とグループ討論で、日本人学生・留学生双方の多文化理解の認識が深まっていることが示された。また、小松（2013）は国際交流グループTEAに参加している留学生と日本人学生のメンバーを対象に交流活動に対する印象を分析し、多文化交流合宿に参加した経験は友人形成のきっかけとして認知される傾向を示した。これらのことから、多文化交流合宿は留学生と日本人学生の多文化理解を促進し、友人形成の一翼を担うものとして機能していると考えられる。

　なお、国際交流グループTEA[2]（以下、TEAとする）は2002年にお茶の水女子大学グローバル教育センター[3]で設立された団体で、正式名称はTrans- cultural Exchange Associationである（加賀美，2001）。留学生と日本人学生の交流を目的とした活動を行っており、その主な活動内容は、上述の多文化交流合宿に加え、新入留学生のためのウェルカムパーティー、文化祭の模擬店出店、日々のランチトークなどである。その他にも年度ごとに学内外において自発的な交流活動が行われている。

　しかし、多文化交流合宿における教育的介入については、先述の加賀美（2006a）において、2002年度第1回多文化交流合宿での教育的介入の効果は示されているが、それ以降の多文化交流合宿における効果は検討されていない。そこで、第8章（研究5）では、10年後の2012年度第11回多文化交流合宿における教育的介入によって日本人学生と中国人留学生はどのような学びを得たか検討を行う。まず、多文化交流合宿の参加者全員は多文化交流合宿をどのように評価したのか検討を行う（研究5-1）。その上で、多文化交流合宿において参加者の留学生と日本人学生が友人形成に至る交流体験はどのようなものか検討する。また、友人形成に至る交流体験に関連する要因はどのようなものか明らかにする（研究5-2）。

第8章　教育的介入によって日本人学生と中国人留学生はどのような学びを得たか（研究5）

8.2 方法

8.2.1 多文化交流合宿の概要

8.2.1.1 多文化交流合宿の概要

多文化交流合宿は接触仮説や教育的介入の理論を基盤とし、多文化間交流の促進を企図してプログラムされている（加賀美・小松，2013）。多文化交流合宿における支援者と参加者の役割や属性については図8-1のとおりである。

同合宿の準備については、担当教員やグローバル教育センターの支援のもと、国際交流グループTEAのメンバーの学生が中心となり行われている。参加者は学内の学生から募集しており、新入留学生の参加も多い。合宿当日は学外講師によるゲームやボディワークの指導、大学院生による記録撮影等の作業が行われている。

8.2.1.2 第11回多文化交流合宿の概要

第11回多文化交流合宿は2012年11月に行われた。活動には多様な企画が織り込まれ各々異なる特徴と目的がある。主な活動は表8-1のとおりである。

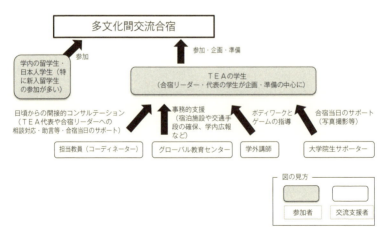

〈図8-1〉 多文化交流合宿の支援者と参加者

表8-1　多文化交流合宿における主な活動の特徴

活動（交流）	プログラムされた活動	活動例など	交流支援者と学生の関わり方	活動時間
ボディワークとゲーム（全体）	ゲーム、リラクゼーション等のエクササイズ	仲間づくりゲームや自己紹介ゲームなど	・プログラムの設定は交流支援者による ・交流支援者（学外講師）が指導	2時間
グループ討論会（集団）	留学生と日本人学生の合同グループによる討論と翌日のプレゼンテーション	グループごとのテーマに基づき、出身地域・出身国の文化や社会事情等について討論し、プレゼンテーションを行う	・プログラムの設定は交流支援者（担当教員）による ・事前準備やグループ討論は学生のみで行う ・討論の内容などについては交流支援者は指導等は行わず、プレゼンテーションの際にコメントを行う	グループ討論：プレゼンテーション：2時間半（討論まとめ・講評・交流合宿に関するアンケート記入時間を含む）
自由時間（個）	なし（自発的で任意の交流）	グループ討論後の自由行動や宿泊施設見学など	緊急時の対応を除き、交流支援者の介入は特になし	自由行動：討論終了から就寝までの任意の時間宿泊施設見学の時間：30分

　第一に、ボディワークとゲームは学外講師の指導のもと参加者全体で行われ、緊張を和らげるアイスブレイキングの機能を持つ。第二に、グループ討論は担当教員（コーディネーター）が設定したもので、合宿前に行う討論の事前準備及び合宿当日の討論とプレゼンテーションの準備は参加者のみで行われる。第三に、自由時間は緊急時の対応を除き交流支援者の介入はなく、任意の交流活動が行われている。

8.2.2　調査・研究方法と対象者

8.2.2.1　調査・研究方法

　研究5-1 については、第11回多文化交流合宿時に参加者全員に対して実施されたアンケート（加賀美, 2013a）で多文化交流合宿の総括の一部として結果の概要が述べられているものの、数値データに関しては述べられていない

ため、教育的介入に焦点を当て、数値データを再集計・再分析した。アンケート項目は3項目で、項目内容は「多文化交流合宿の内容に関心をもてたか」「多文化交流合宿の内容に満足できたか」「他の参加者と仲良くなれたか」である。評定法には「強く当てはまる（4）」～「あまり当てはまらない（1）」までの4段階評定を用いている。

研究5-2については、多文化交流合宿3か月後の2013年2月、多文化交流合宿参加者の中から協力者を募り、中国人留学生と日本人学生各5名に対して、半構造化インタビューを実施した。半構造化インタビューでは、「多文化交流合宿における交流はどのようなものか」等について質問し、自由に語ってもらった。その後、インタビュー内容について留学生と日本人学生別に文字化し、KJ法図解化（A型）・叙述化（B型）（川喜田, 1986）を用いて分析した。具体的な手続きとしては、まず、文字化したデータからラベルを作成し、類似性の高いラベルをひとまとまりにした。次に、カテゴリーの内容を反映する表札をつくり、カテゴリー編成を行った。さらに、カテゴリー間の相互関係を見出すため、カテゴリー同士の空間配置を試行し、全体構造を図解化及び叙述化した。

8.2.2.2　対象者

研究5-1については、対象者は第11回多文化交流合宿に参加した日本人学生15名、留学生19名の計34名で、所属別人数は学部生15名、日本語・日本文化研修留学生3名、交換留学生5名、学部研究生11名である。また、留学生の出身国別人数は中国12名、タイ4名、韓国2名、ニュージーランド1名である。

研究5-2については第11回多文化交流合宿当時の合宿リーダーの学生に依頼し、メーリングリストにて対象者を募集し、中国人留学生12名と日本人学生15名に調査協力を呼びかけ、中国人留学生・日本人学生の各5名から調査協力の承諾を得た（表8-2）。

中国人留学生は全員、合宿当時滞日約1か月程度で、合宿への参加は初めてであった。日本語能力については全員日常生活や大学生活における日本語使用に支障がない日本語上級者であった。また、日本人学生との日常的な接

触については、日本語・日本文化研修留学生の場合、日本人学生との交流型の日本事情の授業などを通した交流が時々あったが、学部研究生の場合はゼミで日本人学生と顔を合わせる程度でほとんどなかった。一方、日本人学生については参加1回目の学生（以下、1回目参加者）が2名、参加2回目のリピーター（以下、2回目参加者）の学生が3名であった。学部2年生の4名がグループリーダーを務めていた。

留学生との交流機会については1回目参加者の2名は比較的少なく、2回目参加者の3名は上述のTEAの活動や交流型授業等を通した留学生との交流が頻繁にあった。

〈表8-2〉 対象者の属性

対象者		所属（学年）	年齢	日本滞在歴（合宿参加時）	日本語能力	合宿参加回数	討論グループのリーダー	日本人学生（留学生）との大学キャンパスにおける日常的交流
中国人留学生（5名）	A	日本語・日本文化研修留学生	22	1か月	N1	1回目		授業での交流が時々ある
	B	日本語・日本文化研修留学生	21	1か月	N2	1回目		授業での交流が時々ある
	C	学部研究生	24	1か月	N1	1回目		ほとんどない
	D	学部研究生	25	1か月	N1	1回目		ほとんどない
	E	学部研究生	23	1か月	N1	1回目		ほとんどない
日本人学生（5名）	F	学部生（1年生）	19			1回目		ほとんどない
	G	学部生（2年生）	20			1回目	○	TEAの活動や授業などを通して時々ある
	H	学部生（2年生）	20			2回目	○	TEAの活動や授業などを通して時々ある
	I	学部生（2年生）	22			2回目	○	TEAの活動や授業などを通して時々ある
	J	学部生（2年生）	20			2回目	○	TEAの活動や授業などを通して時々ある

8.3 結果と考察

8.3.1 2012年度第11回多文化交流合宿に関する留学生と日本人学生の評価（研究5-1）

8.3.1.1 アンケートの結果

多文化交流合宿への関心

多文化交流合宿の内容に関心が持てたかどうかについては、対象者のうち27名が「強く当てはまる」(79.4%)、7名が「やや当てはまる」(20.6%) と回答し、両者を合わせると全体の100%であった。このことから、参加者全体が多文化交流合宿に対し、概ね活動内容に関心を持って参加したことが示された。

多文化交流合宿への満足感

多文化間交流合宿の内容に満足できたかどうかついては、対象者のうち30名が「強く当てはまる」(88.2%)、4名が「やや当てはまる」(11.8%) と回答し、両者を合わせると全体の100%であった。このことから、参加者全体が多文化交流合宿に対し、概ね高い満足感を持ったことが示された。

多文化交流合宿による参加者間の親密化

多文化交流合宿によって他の参加者と仲良くなれたかどうかについては、対象者のうち27名が「強く当てはまる」(79.4%)、7名が「やや当てはまる」(20.6%) と回答し、両者を合わせると全体の100%であった。このことから、参加者全体が多文化交流合宿への参加を通して、概ね他の参加者との関係を親密化させていたことが示された。

8.3.1.2 多文化交流合宿に関する評価

以上のことから、参加者全体が多文化交流合宿に関心を持ち、合宿参加を通して満足感を得て、友人関係を親密化させていたことが示された。加賀美 (2006a) では、2002年度第1回多文化交流合宿で実施された教育的介入が参加者の多文化理解態度を意識化する効果が検証されたが、2012年度の多文化

第3部　友人形成に向けた教育的介入

132

交流合宿においても、異文化間交流促進のための取り組みとして参加者から評価されており、教育的介入が有効に機能したと考えられる。

8.3.2　2012年度第11回多文化交流合宿における留学生と日本人学生の友人形成に至る交流体験とその関連要因（研究5-2）

8.3.2.1　友人形成に関する交流体験について

　インタビュー内容を分析した結果、全84例（中国人留学生41例・日本人学生43例）の語りが得られた。この84例を内容ごとに分類した結果、大カテゴリー、中カテゴリー、小カテゴリーに分かれた（図8-2）。大カテゴリーについては中国人留学生・日本人学生に共通して【参加者全体との交流】、【グループ討論での交流】、【自発的コミュニティにおける親密化】、【個人間の交流】の4つが見られた。【参加者全体との交流】の中カテゴリーとしては中国人留学生・日本人学生の双方に〈ゲームとボディワークによる接近〉が、中国人留学生のみに〈ゲームとボディワークによる一体感〉が、日本人学生のみに〈ボディワークを通した緊張緩和と接触〉が見られた。

　次に、【グループ討論での交流】の中カテゴリーには中国人留学生のみに〈グループメンバーとの共同作業による親密化〉及び〈グループメンバーとの相互理解〉が、日本人学生のみに〈異文化間交流の楽しさと学び〉及び〈親密なコミュニケーションによる交流〉が見られた。さらに、【自発的コミュニティにおける親密化】の中カテゴリーには中国人留学生・日本人学生の双方に〈自発的に集まったグループでの交流による親密化〉が見られた。また、【個人間の交流】の中カテゴリーには中国人留学生・日本人学生の双方に〈相互の自己開示〉が、中国人留学生のみに〈偶発的出来事を通した親密化〉が見られた。

8.3.2.2　友人形成に至る交流の過程について

　次に、友人形成に関する交流体験のカテゴリー間の関連について検討したところ、友人形成に至る交流の過程が存在することが示唆された（図8-3）。その特徴として、第一に、中国人留学生・日本人学生双方に全体から個別の

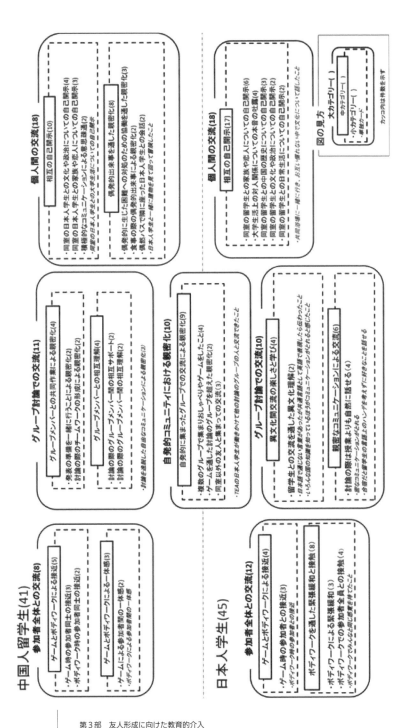

〈図8-2〉 中国人留学生と日本人大学生の友人形成に関する交流体験

交流へと至る過程があることが考えられる。具体的には、【参加者全体との交流】から【グループ討論での交流】、【個人間の交流】へと至っている。まず、最初の参加者全体で行われる活動の段階に関しては、例えば、日本人学生Fからは「ボディワークはいろんな人と会話できて楽しかった」という個と複数の他者との関わりに関する語りが見られた。つまり、ゲームやボディワークの活動では、参加者間の緊張が緩和され、参加者全体の交流が促進されていた。その後行われたグループ発表の準備段階に関しては、例えば、中国人留学生Dからは「グループでお互いに手伝えることを考えながら発表の準備をした」というグループメンバー同士の関わりを意識した語りが見られた。さらに、討論を終了した段階に関しては、例えば、日本人学生Iからは「中国の歴史について話すのはタブーだと思っていたが留学生といろいろ話せた」という個と個の関わりを意識した語りが見られた。また、これらの語りからは討論後の個人間の交流により、日頃大学で話題にしない内容についても自己開示するなどさらに関係が親密になっていることがわかる。このことから、交流支援者が意図したとおり、全体、グループ、個の3つの段階における交流活動が円滑に行われ、友人形成に至っていたことが示された。

　第二に、全体から個別の交流に至る過程において中国人留学生と日本人学生の双方に【自発的コミュニティにおける親密化】の段階があり、この段階を経ることで関係性がより深まる可能性が示唆された。例えば、日本人学生Gは「討論後、1つの部屋に10人くらいで集まって話したのが楽しかった。恋愛の話などをしてすぐに打ち解けた」と語っている。また、中国人留学生Eは「普段は日本語が下手だから恥ずかしくて日本人と話したくないという気持ちがあるが、討論後、他のグループの子もみんなで集まって話すときは自分のことを伝えたい気持ちが強く日本語で話すことが心配にならなかった」と語っている。これらの語りからは、グループ討論後、参加者同士の自発的なコミュニティが形成されており、打ち解けやすい雰囲気の中で会話がなされ、関係が親密化していく段階が存在することが明らかとなった。

　それでは、友人形成に至る交流体験の過程に関連する要因にはどのようなものがあるのだろうか。その関連要因として、2回目参加者の日本人学生の存在が大きかったと考えられる。なぜなら、先述の自発的コミュニティの形

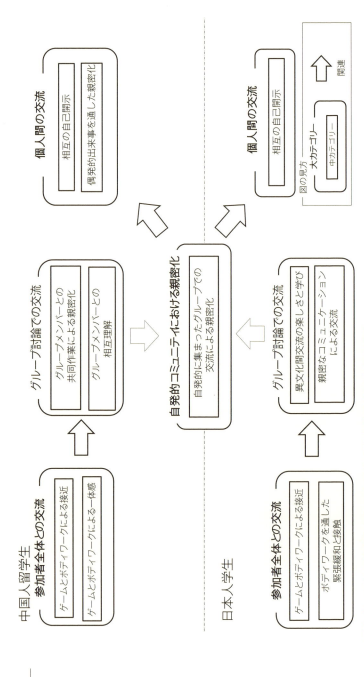

〈図8-3〉中国人留学生と日本人学生の友人形成に至る交流過程

第3部 友人形成に向けた教育的介入

成には２回目参加者の日本人学生の働きかけが寄与していることが示されたからである。例えば、２回目参加者の日本人学生Hは「友だちと友だちをつなぐみたいな感じ。去年は自分がくっつけられる側だったが今年は仲介役に回れた」と語り、交流の仲介者として、交流の場をセッティングしていた。なぜ２回目参加者の日本人学生は仲介者の役割を担うことができたのかということについては、２回目参加者の日本人学生は過去の合宿参加や自身の異文化間交流の経験から、他の参加者の交流をサポートしたいという気持ちを持つようになっているためだと考えられる。例えば、日本人学生Hは「１回目（の参加の際は）は知り合いもおらず、最終的に留学生と仲良くなったが、ずっと緊張していた。２回目は、日本語教育コースを今年から取り始めていて、（合宿に参加する前に）友人がいたので楽しく、リラックスしていた〜中略〜去年参加しているので、（合宿の）勝手がわかっていて、初参加の子たちへの仲介役になれた」と語っている。先述の加賀美（2006a）の調査では第１回多文化交流合宿初年度の参加者を対象としているため多文化交流合宿に複数回参加しているリピーターの役割については検討されていない。そのため、２回目参加者の日本人学生の役割は、本研究で新たに得られた知見である。

　つまり、第８章（研究5-2）では、多文化交流合宿において友人形成に至る交流体験の過程は、第一に、交流支援者の意図どおりに全体レベルの交流から個人レベルの交流へと移行する構造を持つこと、第二に、その中間段階として自発的コミュニティが形成されること、自発的コミュニティの形成には２回目参加者が寄与しており、仲介役となり参加者間の交流を促進していることが示された。

　これらのことから、2002年度第１回多文化交流合宿で実施された教育的介入と参加者の多文化理解態度の関連について検討した加賀美（2006a）の結果と比較しながら、本研究において合宿参加者にどのような学びがあったのか述べる。まず、加賀美（2006a）では先述のように、異文化シミュレーション・ゲームとグループ討論の２つの教育的介入の効果について検討しているが、ここでは本研究でも同様に行われたグループ討論の結果について比較する。加賀美（2006a）では、グループ討論における協働的活動の影響要因として、「多文化理解態度の創造性」「言語学習重視」「積極的傾聴」の重視の

3つが得られた。本研究では、グループ討論における交流体験として抽出されたカテゴリーを見ると、留学生は〈グループメンバーとの相互理解〉ができたこと、日本人学生は〈異文化間交流の楽しさと学び〉ができたことが示されており、加賀美（2006a）と異なる結果が出ている（図8-2）。

　まず、留学生側の〈グループメンバーとの相互理解〉については、翌日のプレゼンテーションに向け相互にサポートをし合いながら協力して作業をする過程において相互理解が深まっていたことが考えられる。また、日本人学生側の〈異文化間交流の楽しさと学び〉については、グループ討論を通して、留学生とのコミュニケーションのとり方など交流の仕方を体験的に楽しく学んでいたことが考えられる。その理由としては、討論のテーマ設定が挙げられる。2012年度の多文化交流合宿の討論テーマは、「大衆文化」「観光」「食事」「おしゃれ」「学校」の5つである。これらのテーマはどれも留学生と日本人学生にとって身近なものであり、話しやすい内容である。一方、加賀美（2006a）が調査した第1回目の交流合宿では、国際問題や社会問題等のテーマも含まれ、討論のテーマとしてより難易度が高かったため、相手の意見をよく聴くことや言語学習の重要性に対する気づきなどがあったのだと考えられる。こうしたテーマの変遷の背景には、グループ討論による学術的な学びよりも、討論や発表準備の作業を通した交流自体に重点が置かれるようになったことが影響していると考えられる。

8.4　結語

　第7章では、教育的介入によって中国人留学生と日本人学生はどのような学びを得たか、検討を行った。その結果、教育的介入は、留学生と日本人学生の友人形成にポジティブな効果を与えることが示された。さらに、友人形成には、教育的介入のような環境設定のみではなく、交流を促す仲介者の存在が重要であり、本研究ではその役割を参加2回目のリピーターの日本人学生が担っていたことが明らかになった。また、教育的介入による学びによって、留学生は日本人学生との相互理解について学び、日本人学生は異文化間交流の楽しさを体験し学んでいたことが示された。

第3部　友人形成に向けた教育的介入

しかし、教育的介入による交流や学びにより友人形成がされた後、中国人留学生と日本人学生の友人関係はどのようになるのか、その交流が継続しているのかどうかは明らかになっていない。そこで、第9章（研究6）では第8章（研究5）と同様に、第11回多文化交流合宿の参加者を対象に、3か月後、留学生と日本人学生の交流は継続しているか、継続する場合、関わる要因はどのようなものか検討を行う。

【註】

註1　国際教育交流シンポジウム（以下、多文化交流合宿）は2002年度から2014年度までに年1回、1泊2日の合宿形式で開催され、全13回の国際教育交流シンポジウムにおいて留学生は延べ201名（26か国：イギリス・イタリア・エジプト・オーストラリア・オランダ・カンボジア・韓国・クロアチア・中国・チェコ・タイ・台湾・旧セルビアモンテネグロ・ドイツ・トルコ・ニュージーランド・ノルウェー・フィンランド・フランス・ベトナム・ベルギー・ポーランド・リトアニア・ロシア）、日本人学生は述べ175名（合計376名）が参加した。

註2　お茶の水女子大学国際交流グループTEAは2016年に正式にサークル化され、現在「国際交流サークルTEA」として活動している。

註3　お茶の水女子大学グローバル教育センターは2017年度より国際教育センターに名称が変更されている。

第9章

中国人留学生と日本人学生の交流の継続と関連要因について（研究6）

9.1 問題の所在と研究目的

　留学生と日本人学生の交流の継続についての研究は数少ないが、牲川・高村（2012）は、留学生が帰国した後も継続している人的ネットワークの契機がどのようなものであるか検討を行っている。その結果、継続的ネットワークの契機となる活動は、大学の交流サークルや交流型の授業、地域の国際交流活動における日本人家族との交流、アルバイト等多岐にわたり、一般化できないと結論づけている。また、見城（2007）は、大学が設定したホームステイやホームビジットを経験した日本人家庭を対象に、各家庭で受入れた留学生との継続的交流について調査を行っている。その結果、ホームステイ終了後も留学生との交流を継続している家庭が7割、ホームビジット終了後も留学生との交流を継続している家庭が5割に上った。

　これらの研究からは、留学生と日本人学生または日本人家族が大学や地域の制度的支援のもとで交流を継続させている諸相が示されているが、留学生と日本人のいずれか一方を対象とした研究であるため、双方の視点からの検討は行われていない。また、交流継続に関連する要因についても検討が行われていない。さらに、研究4では、教育的介入が友人形成に与える効果が示されたが、交流の継続に与える効果については検討が行われていない。

第3部　友人形成に向けた教育的介入

そこで、第9章（研究6）では、第8章（研究5）と同様に2012年度第11回多文化交流合宿に参加した留学生と日本人学生を対象に、3か月後、交流は継続しているかどうか確認し、継続している場合、継続に関わる要因はどのようなものか検討を行うこととする。

9.2　方法

9.2.1　調査・研究方法

第9章（研究6）では、第8章（研究5-2）と同様に、多文化交流合宿3か月後の2013年2月に半構造化インタビューを実施し、中国人留学生と日本人学生各5名に対して「多文化交流合宿後も交流が継続しているか」「継続している場合は、多文化交流合宿後の合宿参加者の日本人学生（留学生）との交流はどのようなものか」等について質問し、自由に語ってもらった。その後、インタビュー内容について留学生と日本人学生別に文字化し、研究4-2（第7章）と同様に、KJ法図解化（A型）・叙述化（B型）（川喜田，1986）を用いて分析した。

具体的な手続きについても研究5-2（第8章）と同様に行った。なお、リピーターの日本人学生は多文化交流合宿以前から留学生との交流があると回答したため、参加1回目の日本人学生とリピーターの日本人学生とを区別し分析を行った。

9.2.2　対象者

第8章（研究5-2）と同様の中国人留学生・日本人学生の各5名である。調査依頼の経緯と対象者の属性の詳細については、研究5-2（第8章）と同様のためここでは省略する。

9.3　結果と考察

第11回多文化交流合宿3か月後、留学生と日本人学生の交流の継続と関連

要因（研究6）

9.3.1　多文化交流合宿後の交流について

インタビュー内容を分析した結果、全67例（中国人留学生24例・日本人学生43例）の語りが得られた。この67例を内容ごとに分類した結果、大カテゴリー、中カテゴリー、小カテゴリーに分かれた（図9-1）。大カテゴリーには【合宿後の交流継続】、【合宿後の交流不全】、【合宿以前からの交流】の3つが見られた。【合宿後の交流継続】は中国人留学生・1回目参加者及び2回目参加者の日本人学生に共通して見られた。【合宿後の交流不全】は留学生と1回目参加者の日本人学生に共通して見られた。【合宿以前からの交流】は2回目参加者の日本人学生のみに見られた。

【合宿後の交流継続】の大カテゴリーについて、中国人留学生では中カテゴリーの〈学外での交流〉〈学内での気軽な交流の成立感〉〈TEAの活動を通した交流〉〈SNS・メールを通した交流〉が見られた。日本人学生（1回目参加者）では中カテゴリーの〈学内での気軽な交流の成立感〉〈交流機会の増加〉〈SNS・メールを通した交流〉が見られた。また、日本人学生（2回目参加者）では中カテゴリーの〈合宿による交流の輪の拡大〉が見られた。【合宿後の交流不全】の大カテゴリーについて、中国人留学生では中カテゴリーの〈SNS・メールを通した交流の不成立感〉〈学内での気軽な交流の不成立感〉〈接触機会の少なさ〉が見られた。また、日本人学生（1回目参加者）では中カテゴリーの〈学内での気軽な交流の不成立感〉〈接触機会の少なさ〉が見られた。さらに、【合宿以前からの交流】の大カテゴリーについて、中カテゴリーの〈TEAの活動での交流〉〈TEAの活動・授業・寮などでの多面的交流〉〈留学生の帰国後の交流〉〈SNS・メールを通した交流〉〈留学生のサポートや相互支援〉が見られた。

9.3.2　多文化交流合宿後の交流継続と交流不全について

多文化交流合宿後の交流の継続について分析したところ、中国人留学生と1回目参加者の日本人学生の2者と、2回目参加者の日本人学生の間で異なる傾向があることが示唆された。まず、中国人留学生と1回目参加者の日本

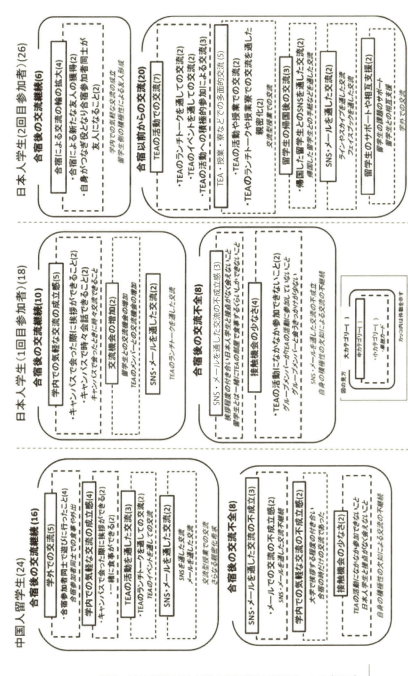

〈図9-1〉 多文化交流合宿3か月後の交流について

第9章 中国人留学生と日本人学生の交流の継続と関連要因について（研究6） 143

人学生には共通して【合宿後の交流継続】と【合宿後の交流不全】の２つの大カテゴリーが見られた。前者の【合宿後の交流継続】には中カテゴリーの〈学内での気軽な交流の成立感〉が見られ、多文化交流合宿によって芽生えたメンバーシップが保持され、キャンパスで気軽に挨拶をしたり共に食事したりする関係が継続されている。例えば、中国人留学生Ａは「多文化交流合宿に参加する前は、日本人学生と接する機会は少なかったが、今は友人になった日本人学生と気軽に昼食を食べることができる」と語っている。また、日本人学生Ｇは所属している学部・学科に留学生が少ないため、日頃の接触機会がほとんどない。Ｇは「合宿の参加者と大学で会った際に話しうれしかった。これからも少しでも話せたらいいと思う」と語っており、留学生とコミュニケーションがとれるようになったことに満足感を得ている。つまり、多文化交流合宿後、留学生と日本人学生の日常的な接触機会が増え、学内で交流できるようになったことに肯定的な認識を持っていると考えられる。

　その一方で、中国人留学生と１回目参加者の日本人学生に共通して見られた【合宿後の交流不全】には中カテゴリーの〈学内での気軽な交流の不成立感〉が含まれる。例えば、中国人留学生Ｂは「合宿参加者とは大学で会ったときに挨拶するくらい。仲良くしたいがみんなと会う機会がない」と述べている。また、日本人学生Ｆは「グループの子とＴＥＡの教室で会えない。これからどうやって（友情を）発展させていけばよいのかわからない」と語っている。つまり、中国人留学生と１回目参加者の日本人学生は多文化交流合宿後、〈接触機会の少なさ〉を残念に思い、キャンパスで挨拶をかわす程度にしか友人関係が発展していないと感じている。

　２回目参加者の日本人学生の場合は、中国人留学生・１回目参加者の日本人学生と同様に【合宿後の交流継続】が抽出されたが、【合宿後の交流不全】は抽出されなかった。例えば、日本人学生Ｈは「合宿で友人になった留学生とはＴＥＡの活動を通して気軽に交流している」と語っている。つまり、多文化交流合宿により新たな友人を獲得し、その友人たちとの関係が継続していることが示された。

　また、２回目参加者の日本人学生の場合、中国人留学生・１回目参加者の日本人学生と異なり【合宿以前からの交流】が抽出された。２回目参加者の

日本人学生は〈TEA の活動での交流〉や〈TEA・授業・国際宿舎などでの多面的交流〉により友人関係を深めている。例えば、日本人学生 J は「TEA の活動が留学生との交流のきっかけになり、寮（国際宿舎）でも交流するようになった」と語っている。また、日本人学生 I は「毎日昼休みは TEA の教室に行き、留学生と友だちになれた。その留学生たちとは授業のグループワークで協力し合い絆を深めている」と語っている。つまり、2 回目参加者の日本人学生は TEA での交流活動を基軸とし、留学生と日本人学生の交流型の授業、両者が居住する国際宿舎等の異文化間交流のための様々な制度的支援を積極的に活用し、友人関係を持続させていると考えられる。

　さらに、2 回目参加者の日本人学生は他の留学生と日本人学生の交流継続にも寄与していたと考えられる。例えば、日本人学生 I は「（日本人学生と留学生の交流の仲介役になったことで）多文化交流合宿後に、TEA の活動を通して日本人学生－留学生の交流という新しい線が生まれてうれしい。多文化交流合宿中にあまり交流がなかった日本人学生と留学生でも（同じ合宿に参加した仲間ということで）自然に日本人学生や留学生が活動に入ってきて交流を深めてくれる」と語っている。これらの語りから、2 回目参加者が他の参加者間の交流の仲介役となることで交流の輪が広がっていることが示唆された。

　以上より、第一に、多文化交流合宿 3 か月後も参加者間の交流が継続していることが限定的に示された。つまり、留学生と 1 回目参加者の日本人学生の場合、大学キャンパスで気軽で日常的な交流が行われているが、交流がそれ以上発展しないという交流不全が生じている場合もあることが明らかになった。一方、2 回目参加者の日本人学生の場合、交流不全は生じておらず、全員交流が継続していると認知していた。つまり、限定的ではあるが、教育的介入は交流を継続させる効果を持つことが実証された。また、本研究では、問題の所在と研究目的で述べた継続的ネットワークの契機となる活動（牲川・高村，2012）として多文化交流合宿における交流活動が機能したことが示された。

　第二に、交流の継続と関連する要因としては、まず、参加者の個人的要因として、積極性や努力など交流への態度が関連していると推察できる。上述

のように、2回目参加者の交流が継続していたのは、2回目参加者の日本人学生はTEAの活動や交流型の授業への参加、国際寮での交流など、制度的支援を活用し、様々な場面における留学生との交流を積極的に拡大していったからだと考えられる。また、2回目参加者の日本人学生の場合、交流経験がもともと豊富であり、多文化交流合宿以前から留学生の友人が多いので、留学生とどのように交流すればより親密になれるのかということを熟知していたと推測できる。

さらに、集団レベルで交流を捉えた際には、交流継続に関連する要因として2回目参加者の日本人学生の存在が挙げられる。2回目参加者は、第7章（研究4-2）では、多文化交流合宿において、留学生と日本人学生の交流の仲介役となる役割を担っていた。しかし、第8章（研究5）では2回目参加者の日本人学生を仲介役として、多文化交流合宿という枠組みを超え、大学キャンパスにおける留学生と日本人学生との自然な交流が促進されていた。これらのことから、2回目参加者の日本人学生は多文化交流合宿により新たに得た友人との関係を継続させつつ、周囲の留学生や日本人学生の交流を促進する仲介役となっており、大学キャンパスにおいて交流を継続させる役割を担っていた。

9.4　結語

第9章（研究6）では、中国人留学生と日本人学生の交流の継続と関連要因について検討を行った。その結果、中国人留学生と1回目参加者の日本人学生については多文化交流合宿後の交流の継続は限定的である傾向、2回目参加者の日本人学生については交流が継続している傾向が示された。さらに、2回目参加者の日本人学生は第8章（研究5）と同様に、留学生と交流しながら、自然に他の留学生や日本人学生の交流を促進させる仲介役となっていることが明らかになった。

終　章

総合的考察

　本章では、第1節で研究結果の概要について述べ、その上で第2節では留学生の友人関係期待と体験の否定的認識及び友人形成に向けた教育的介入について述べる。次に、第3節では、留学生側の要因と日本人学生側の要因に基づき友人形成を阻害する要因について述べる。また、第4節では、留学生側の要因と日本人学生側の要因に基づき友人形成を促進する要因について述べる。さらに、第5節では、大学に求められる制度的支援について述べる。第6節では本研究の意義を述べ、最後に第7節では、今後の課題について述べる。

10.1　研究結果の概要

　第1章では、留学生交流の現状と動向について概説し、世界の留学生交流の全体像を示した。特に、留学生の受入れが世界で最も多いアメリカ及び留学生の派遣が世界で最も多い中国の留学生交流の現状と動向、日本の留学生交流の現状と動向を中心に概観した。そのことで、各国のどのような理念や国策によって、どのように留学生交流の動向は変遷してきたのかということが、留学生の受入れと海外派遣の2つの側面から示された。また、第1章では、第一に、現代に至るまで受入れ国の主流は先進国であり、派遣国の主流は発展途上国であることから、受入れと派遣のバランスがとれていない問題

が析出された。第二に、留学生は受入れ国の経済発展のためのグローバル人材として期待されるようになり、卒業・修了後のホスト国への定住が目指されるようになったが、ホスト社会が一方的に留学生を経済発展のための人材要因として認識してしまうことで、留学生の心理面における問題などのメゾレベルの問題が見落とされる懸念について述べた。第2章では、異文化接触に関する諸理論と研究動向について概観した。まず、異文化適応に関する諸理論として、カルチャー・ショック、異文化適応の過程、異文化適応の類型化について述べた。次に、異文化間交流の諸理論として、異文化集団間の肯定的接触のあり方や接触のための条件を提示する接触仮説（Allport, 1954）及び間接的接触仮説（Wright et al, 1997）を見た上で、大学キャンパスにおける異文化間交流についての国内外の研究動向を概観した。それを通して、大学キャンパスでは、上述の友好的接触のための条件は揃いにくく、留学生と日本人学生の交流が停滞している問題が提示された。さらに、原因帰属に関する諸理論と留学生の原因帰属及びホスト社会に対する否定的な認識に関する研究動向について述べた。人は外集団成員の好ましくない行動は、その成員自身や外集団の人々の内的要因に帰属させやすいため（Ross, 1977；Pettigrew, 1979）、留学生はホスト国の学生側に葛藤原因があると認識することや、ホスト国の学生側の関心のなさや偏見の態度を感じることで、友人関係の構築が困難になると予想されることが示された。

　第3章では、大学生の学校適応と友人関係の関連について概説し、その上で、留学生の異文化適応と友人関係について概観し、国内外の研究から友人関係の構築が学校適応や異文化適応を促進することを示した。また、友人関係に関連する要因として言語・コミュニケーションの問題、文化に関する問題、環境的障壁の3つの側面から概観した。さらに、留学生の友人関係期待について、友人関係期待の概念、領域、属性、異文化間の友人関係期待、そして、友人関係構築を促進させるためのコミュニティ援助に関する諸理論について、コミュニティ・アプローチによる留学生支援、教育的介入、ソーシャルサポート介入を概観し、有効な異文化接触の場を設定し、環境面から友人関係構築を援助することの重要性を示した。

　これらのことから、留学生にとっての友人関係構築の重要性と問題が示さ

れたが、留学生の個別の友人関係構築やその問題について、留学生側のミク
ロレベルの視点から検討した研究や体系的な調査は数少ないため、友人形成・
不形成の過程について詳細を検討すること、留学生が友人関係に関して抱く
期待と実際の体験について実証的に検討することが重要であることを述べた。
さらに、留学生の個別の交流体験がホスト国全体への認識にどのようにつな
がるのかは、留学生を受入れる立場にあるホスト社会や大学にとっても重要
な問題であり、留学生の友人関係に関する否定的な体験と不満、原因帰属と
の関連について検討を行うことが重要であることを示した。加えて、友人関
係形成を促進させるための教育的介入は異文化間交流の問題を改善するため
の取り組みとして有効性が示唆されているが、関連する研究は数少ないため、
検討を行うことが必要であることを示した。

　第4章（研究1）では、中国人留学生7名を対象にインタビュー調査を行
い、KJ法を用いて友人形成及び友人不形成過程について検討した。その結果、
【友人形成への関心】【友人関係期待】【友人関係に関する否定的体験】【否定
的体験に対する行動】【友人関係に関する肯定的体験】の5つの大カテゴリー
が見出された。また、カテゴリー間の関連を分析した結果、友人形成及び友
人不形成に至る過程が明らかになった。さらに、【友人形成への関心】が積
極的か消極的か、【否定的体験に対する行動】が積極的か消極的かにより対
象者を「積極的関心積極的行動型」「積極的関心消極的行動型」「消極的関心
積極的行動型」「消極的関心消極的行動型」の4型に分類し、友人形成及び
不形成過程について分析した結果、友人形成に至る促進要因として制度的支
援と留学生の積極性が重要であることが示唆された。

　第5章（研究2）では、中国人留学生119名を対象に「友人関係期待」と「友
人関係に関する体験の否定的認識」及び「友人関係満足度」の関連について
質問紙調査により検討した。因子分析の結果、「友人関係期待」として『対
等な協働関係』『信頼的援助』『共行動』『個人への共感と関心』『出身地域へ
の関心』の5因子が抽出された。また、「友人関係に関する体験の否定的認
識」として『被差別感』『対等な協働関係の不成立』『関係形成の障害』『交
流不全』『交流スタイルの相違による障害』の5因子が抽出された。これら
の結果に基づき、「友人関係期待」と「友人関係に関する体験の否定的認識」

の関連を検討するため、重回帰分析を行った結果、まず、『被差別感』に有意な影響を及ぼす変数は『対等な協働関係』の期待、『出身地域への関心』期待、属性の『年齢』であった。次に、『対等な協働関係の不成立』に有意な影響を及ぼす変数は『対等な協働関係』の期待と、『共行動』期待であった。さらに、『関係形成の障害』に有意な影響を及ぼす変数は、『信頼的援助』の期待であった。最後に、『交流スタイルの相違による障害』に有意な影響を及ぼす変数は『個人への共感と関心』の期待であった。このことから、中国人留学生は、相手に対して一方的な期待を持っていたり、日本人学生との間に年齢差があったりする場合に、そのことが交流の障害となっていることが明らかになった。また、友人関係への期待が叶わないことで失望し、否定的な認識へとつながっていることが実証的に明らかになった。次に、「友人関係に関する体験の否定的認識」と「友人関係満足度」の関連を重回帰分析により検討した。その結果、『被差別感』『交流不全』が友人関係への不満に関連することが示された。このことから、被差別認識を持ち、交流が機能していないと感じる中国人留学生は友人関係に満足しない傾向が示された。

　第6章（研究3）では、第5章（研究2）の分析対象者119名のうち、友人関係に不満を持つ中国人留学生80名を対象に、「友人関係に関する体験の否定的認識」の因子分析を行った結果、『被差別感』『関係形成の障害』『対等な協働の不成立』『交流不全』『交流スタイルの相違による障害』の5因子が得られた。また、「友人関係不満の原因帰属」の因子分析を行った結果、『社会的外的要因』『人的内的要因』『人的外的要因』の3因子が得られた。さらに、「友人関係に関する体験の否定的認識」と「友人関係不満の原因帰属」の関連を重回帰分析によって検討した結果、『社会的外的要因』には『交流不全』『人的内的要因』には『被差別感』及び『学年』『人的内的要因』には『被差別感』が影響を及ぼしていた。これらの結果から、第一に、交流不全を感じる留学生は友人関係に対する不満の原因を大学の環境などの社会的外的要因に帰属させること、第二に、被差別感が少なく学年の低い留学生は留学生自身の努力不足など人的内的要因に原因を帰属させること、第三に、被差別感が強い留学生は日本人学生の交流への消極性などの人的外的要因に原因を帰属させる傾向があることが示された。

さらに、第7章（研究4）では、友人関係の不満の原因帰属は日本イメージにどのような影響を及ぼすか検討し、友人関係に関する不満の原因を日本人側に帰属させる場合は、日本人に対する支配的な態度である権威性のイメージを持つことが示された。この結果からは、中国人留学生が友人関係の不満を持ちその原因を日本人学生側に帰属させる際に、過去の戦争における権威者としての日本人のイメージが想起されていることを示しており、このような傾向にある留学生は日本人学生との間に葛藤を抱えたまま、交流による相互理解が生じていかない可能性がある。直接交流の機会が少なくなればなるほど、日本や日本人に対する負のイメージは固定化され、強化されていくことが懸念される。

　研究1から研究4で示されたように、留学生は日本人学生との交流に様々な困難を抱えているため、教育的介入による交流促進のための取り組みについて検討を行った。

　第8章（研究5-1）では、多文化交流合宿に参加した留学生19名と日本人学生15名を対象にアンケートの集計結果を再分析し、教育的介入は友人形成にどのような効果を持つか、検討を行った。その結果、教育的介入は、留学生と日本人学生の友人形成にポジティブな効果を与えることが示された。さらに、多文化交流合宿に参加した中国人留学生・日本人学生の各5名を対象にインタビュー調査を行い、友人形成に関する交流体験についてKJ法を用いて検討し、【参加者全体との交流】【討論グループ内の交流】【討論グループを超えた親密化】【個人間の交流】の4つの大カテゴリーを見出した。また、カテゴリー間の関連を分析した結果、第一に、中国人留学生と日本人学生ともに全体から個別の交流に至る過程があること、第二に、全体から個別の交流に至る過程において中国人留学生と日本人学生の両者が自発的コミュニティに参加する【自発的コミュニティにおける親密化】の段階があり、この段階を経ることで関係性がより深まることが示唆された。さらに、自発的コミュニティの形成には、リピーターの日本人学生が関わっており、交流の仲介者としての役割を自発的に担い、交流の場をセッティングしていたことが示された。

　第9章（研究6）では、第8章（研究5-2）と同様の対象者である中国人留

学生・日本人学生各5名を対象に中国人留学生と日本人学生の交流の継続と関連要因について、KJ法を援用し検討した。その結果、【合宿後の交流継続】【合宿後の交流不全】【合宿以前からの交流】の3つの大カテゴリーが見出された。また、交流の継続については、合宿初参加の中国人留学生と日本人学生は、多文化交流合宿後、留学生と日本人学生の日常的な接触機会が増え、学内で交流できるようになったことに肯定的な認識を持っているが、交流が深まらないことに対する不満も示された。一方、リピーターの日本人学生については全員、交流が継続している傾向が示唆された。さらに、リピーターの日本人学生は、周囲の留学生や日本人学生の交流を促進する仲介役となっていることが示された。

以上のように、留学生の友人関係期待と否定的認識及び友人形成に向けた教育的介入の有効性が実証された。

10.2　友人形成を阻害する要因

10.2.1　留学生側の要因

本項では、友人形成を阻害する要因として、留学生側の要因について考察する。まず、第4章（研究1）では、留学生の消極的な態度や行動が友人形成に至らない一因となっていた。留学生が消極的な理由は、もともと友人形成への積極的関心があっても、日本人学生との交流の仕方がわからず、コミュニケーション上の誤解や離齬を恐れていたためであった。つまり、ホスト国の学生との友人形成に関しては留学生の場合、同国人同士の交流の際よりも一層積極的に交流に臨まなければ、友人形成が進まないということが考えられる。

また、第5章（研究2）では、留学生が友人関係において期待していることが実際の体験で実現されず、否定的な認識を持つ傾向が示された。この背景には、留学生が異文化接触や異文化適応上の困難について知らないため、友人形成について楽観視しており、そのことで期待と現実との間にギャップが生じていることがあると考えられる。

さらに、第6章（研究3）では、留学生が被差別感を持つ場合には、その不満の原因を日本人学生の交流への消極性など日本人学生側の外的要因に原因帰属させる傾向が示された。このことから、留学生が大学キャンパスにおいて否定的な認識を持つ場合に、日本人学生やホスト国の人々との間に交流が生じにくくなると考えられる。また、中国人留学生のアンビバレントな感情（加賀美他，2008）が関連していると考えられる。アンビバレントな感情（加賀美他，2008）は、母国である中国での教育やマスメディアとの接触から形成されたものである。例えば、宮脇・姚（2005）の研究では、戦後教育を受けた中国人では、「日中関係史」について「日本が中国を侵略し、中国人に多大な損害・苦痛・屈辱を与えた」と認識する人が89％、「軍事（政治）侵略だけでなく経済侵略・文化侵略を行った」と認識する人が67％に上った。さらに、7割以上が「民衆殺害」「婦女子凌辱」「略奪」行為について、家庭や学校で聞かされている。また、鄭（2008）は中国の歴史教科書では、日本の中国侵略と残虐な行為についての記述が多く、戦後の日中関係についての記述が欠落していることを明らかにしている。

　また、留学生の被差別感が低く、大学の学年が低学年である場合には、友人関係の不満の原因を留学生自身の努力不足など内的要因に帰属させる傾向が示された。このことから、留学生がより一層努力をするなど留学生自身が変化しようとする場合には、友人関係が改善される可能性がある。しかし、被差別感の認知が少ない留学生も学年が上がるにつれて日本人学生との接触や交流の質・量が変化し、異文化間接触や適応の問題をより多く経験すると考えられる。このことで、原因帰属の仕方も変化し、日本人学生側に原因を帰属させ、日本社会と対峙していく可能性も考えられるため、留意する必要がある。また、内的要因への帰属をした際に、留学生が友人関係の改善を望まない場合もあることが考えられる。こうした状況は、留学生が自分で自分を一方的に責めることとなり、留学生が自信をなくし、無力感や鬱症状が生じ、メンタルヘルスの危機につながる可能性もある。

　さらに、第7章（研究4）では友人関係不満の原因帰属を日本人学生側に帰属させる場合に日本人に対する権威性のイメージを持つ傾向が示されている。前述のアンビバレントな感情と関連させ考察すると、日本留学に対し一

定の期待を持って来日した留学生が、個人的な経験である日本人学生との交流への不満を経て、肯定的なイメージが薄れ、日本人学生や日本人に対する否定的な感情やイメージに揺れ動き、その比重が増す傾向にあることが考えられる。

10.2.2　日本人学生側の要因

　本項では、友人形成を阻害する要因として、日本人学生側の要因について考察する。第5章（研究2）においては、留学生が母国である中国や留学生自身への日本人学生の関心を求めているが、実際の体験では日本人学生の関心が得られていないことが示されている。その背景として、日本人学生の多くが、大学キャンパスにおいて日本人同士の交流をしており、既に日本人の友人ネットワークを持っていることが関連していると考えられる。横田(2013)は、海外渡航経験や留学志望など海外志向性の強い日本人学生は留学生の友人数が多く、留学生受入れを望む傾向を示しているが、こうした既存の友人ネットワークを、留学生にまで広げようという動機を持つ日本人学生は、一般的には少ないと考えられる（坪井, 1994）。さらに、第5章（研究2）では、留学生の持つ友人関係期待として、学業・生活面での支援期待が見出されている。こうした期待は、留学生活において得られる社会資源（山本, 1986）が少ない留学生特有の期待であると考えられ、日本人同士の友人関係においては見出されることが少ない。異文化間交流において、日本人学生側はこうした留学生の期待にどのように対応しているのだろうか。日本人学生には、多文化間交流において、自己主張を抑えた他者依存的な、相手の状況に応じた関わり方を重視する傾向（加賀美, 2006a）があることから、留学生の期待に律儀に応えようとする可能性がある。しかし、これらの期待を一手に背負い応えようとすると負担がかかるため、交流が停滞するのだと考えられる。また、日本人学生側に留学生との交流への動機や、留学生を支援したいという気持ちがない場合には友人形成はそもそも生じない。

10.3　友人形成を促進する要因

10.3.1　留学生側の要因

　まず、友人形成に至る促進要因として留学生側の要因について考察する。第4章（研究1）では、留学生の友人形成において困難が生じた際に、改善のために努力する粘り強さや積極性が友人形成の促進要因であることが示された。坪井（1994）は留学生が日本人学生に比べ、学業意欲が高く、目標をしっかりと設定しており、日々の充実した生活に自信を持っている点を指摘している。このような留学生の自己管理能力と自信が強さにつながっていると考えられる。さらに、粘り強さの根幹は、留学生の自己解決能力（加賀美，2007b）や人が本来持っている、問題を効果的かつ正確に処理する能力であるコンピテンス（植村，2007）にあると考えられる。先述のように、留学生は母国を離れ、異文化環境で生活を送らなければならないが、家族や友人、地域社会から得られる社会資源（山本，1986）が限られている。こうした逆境において、留学生活における様々な困難に自立的に立ち向かわなければならないため、問題解決能力が培われていくのだと考えられる。本研究では、留学生が友人関係に関する否定的体験を持ちながら、より積極的に日本人学生側に働きかけ、交流の機会を見つけたり、より多くの日本人学生に接したりすることで、友人形成をしていることが明らかになった。つまり、留学生の自己解決能力が日本人学生との対人関係の場面においても発揮されていると考えられる。また、Pettigrew（1998）は、集団間接触を繰り返すうちに、人は外集団について学習し、不安な感情を減らして感情的な絆を形成できることを示唆している。留学生も複数回の交流経験によって、日本人学生の交流の仕方を観察し、気づき、より積極的な行動によってネガティブな感情を減らし、友情を築いていたのではないかと考えられる。

10.3.2　日本人学生側の要因

　本項では、友人形成に至る促進要因として日本人学生側の要因について考

察する。第7章（研究4）、第8章（研究5）の結果より、リピーターの日本人学生は多文化交流合宿の際とその後の大学生活において、参加者間の交流促進の役割を持つ傾向が示唆された。リピーターは留学生と日常的に交流しており、多文化交流合宿の計画・準備についてはTEAの活動の一環として自然に積極的に行っていた。リピーターには合宿の主催者としての意識もあったと考えられるが、第7章（研究4-2）で示されたリピーターが中心となった自発的コミュニティの形成は、合宿のプログラムとして企図されたものではないため自然に、自発的にコミュニティ形成の核になっていたのだと考えられる。また、第8章（研究5）で示されたリピーターの合宿後の参加者間の交流促進の役割についても、合宿における主催者としての役割を果たした後であるため、自発的な行為だといえる。つまり、リピーターの日本人学生は多文化交流合宿については主催者としての意識を持ちながら、その上で、多文化交流合宿のプログラムの枠を超え、自然にコミュニティを形成し、集団間の交流のための周囲への働きかけを学んでいったのだと考えられる。こうした学びにより、多文化交流合宿後も積極的に交流活動を行うことで、留学生と日本人学生が安心して交流ができる「居場所」を提供していたのだと考えられる。このように、留学生と日本人学生の友人形成促進のためには、教育的介入等のプログラム設定のみではなく、日常的な交流の核となる仲介者や媒介者の存在が必要であり、本研究では、リピーターの日本人学生がその役割を担っていたと考えられる。

　こうした異文化間の仲介役や媒介役に関する研究は数少ないが、田中・松尾（1994）では、留学生と日本人の間に葛藤が生じた際の日本人教師の役割を検討し、異文化の仲介という意味で、「異文化インターメディエーター」という概念を提唱している。同研究は、「異文化インターメディエーター」に必要な資質として、第一に、異文化間の問題の発生機序を知ること、第二に、異文化間で起こりうる事態への解説の練習、第三に、自文化への気づき、誠意や創造性や柔軟性などが異文化接触に成功するための資質だとしている。また、加賀美・大渕（2004）では、日本人教師と中国人学生及び韓国人学生の葛藤場面において、中国人学生と韓国人学生は葛藤原因が教師側にあると認知すると対決方略を選択する傾向が示され、日本人教師がそれを予測でき

ずに仲介役とならなかったことが報告されている。これは、葛藤原因を教師要因に帰属した留学生は日本人教師を外集団とみなし異文化の権威者として同化を強いていると感じた可能性があると解釈している（加賀美，2007a）。

　本研究で仲介役となっていた日本人学生はリピーターであるため、多文化交流合宿への参加経験から、留学生と1回目参加者の日本人学生に対してリーダーシップをとり、グループをまとめ、討論を進めるなどの役割を担っていた。また、多文化交流合宿のみではなく、TEAの活動や交流授業等の異文化接触において留学生との交流経験を積んでおり、その経験から留学生の異文化滞在者としての困難に気づき、日頃から大学キャンパスにおいても自然にサポートしている者たちであった。つまり、他の参加者から必要とされるサポートやリーダーシップを自らの経験などから理解していることが仲介役としての第一の資質だと考えられる。

　また、リピーターの日本人学生は、多文化交流合宿において、他の参加者をサポーターやリーダーとして外側から見ているのではなく、自らが交流の輪に積極的に加わり、対等な関係で双方向的な交流を行うことができていた。つまり、留学生と日本人学生の交流は、ゲストとホストという関係性を孕むものであるが、リピーターの日本人学生はゲストとホストの枠組みを拡張させ、友人としての意識を持つことができた存在であると解釈できる。このように、交流支援者が持つような留学生に対する支援性・リーダーシップを発揮でき、留学生と対等に交流ができる者が、結果的に他の留学生や日本人学生の交流の仲介役となり、交流の核となる存在になっていったのだと考えられる。

10.4　大学に求められる制度的支援

　本節では、留学生の友人形成に関する制度的支援として、大学に求められる支援はどのようなものか考察する。まず、第4章（研究1）からは、友人形成に対する関心が消極的な場合に、交流が生じにくいことが示された。また、第5章（研究2）においても留学生が交流に対して過度の期待を持っている場合に、期待が実現せず否定的認識を持つ傾向が示された。この背景には、

留学生自身が異文化環境に置かれていることから生じる困難や問題についての認識が低いことがあると考えられる。そのため、留学生が留学生活全般における困難などを知っておくための滞在初期のオリエンテーションなどのプログラムが重要であると考えられる。こうしたオリエンテーションは現在多くの大学において実施されているが、留学生活上の困難の一端として、交流における困難についても留学生が認知しておくことは、予防的支援につながると考えられる。

　また、第6章（研究3）では、留学生が友人関係に関する否定的認識である交流不全を認知する場合に、交流の不満原因が大学キャンパスの環境不備など社会的外的要因に帰属されることが示された。この問題に関連し、第7章（研究4-2）、第8章（研究5）では、教育的介入による友人形成のための学びや交流継続への影響が示された。つまり、多文化交流合宿は参加者全体レベルの交流から集団レベルの交流、個人レベルの交流へと至るようにプログラムされており、概ねこの流れに沿って友人形成がなされている傾向が明らかになった。本研究の対象者である中国人留学生は、多文化交流合宿に参加した際、来日初期であったため、異文化適応や異文化間葛藤に関する不安（小松，2012）が高い状態にあったと考えられる。しかし、プログラムの進行に伴い中国人留学生の不安は低減され、異文化間の友人形成が促進されていた。また、横田（1991）は、日本人学生は留学生との友人形成初期の緊張が高い傾向にあり、緊張低減のために集団活動への参加が重要だと述べている。つまり、初参加の留学生・日本人学生の双方にとって、友人形成を始動させるために多文化交流合宿における緊張低減のための取り組みや全体・集団レベルの交流から個人レベルの交流へと至る道筋をつける必要があったと考えられる。

　さらに、教育的介入には安全で保護された異文化接触体験の保障や望ましくない接触の制御（加賀美，2006a）の効果がある。その効果が多文化交流合宿のプログラム化された活動において発揮されていたため、友人形成が促進されていた。また、プログラム化された活動のみではなく、討論後の自由時間においても友人形成は促進されていた。これは多文化交流合宿が一泊二日の宿泊形式であることからプログラム外にも自由な交流や偶発的な交流が生

じやすいためだと考えられる。本研究で述べたグループ討論後の自発的な集まり以外にも、たまたまバスの隣の席に座った学生が自分の話に一生懸命耳を傾けてくれたこと、宿泊施設の様々な場所を同じグループの参加者と２人きりで一緒に見学し小さな冒険のように感じたことなど、各々の留学生・日本人学生が自分自身しか体験し得なかった独特の交流体験について語っていた。

　プログラム化された活動は安全な異文化接触を保障するが、その活動のみでは公的で受動的な交流からプライベートな交流に発展しにくいと考えられる。しかし、多文化交流合宿では自発的なコミュニティの形成や偶発的な出来事などプログラム化されていない活動がいろいろな場面で自然に生じ、私的な交流がなされるため、留学生と日本人学生は友人ができたという認識を持つことができるのだと考えられる。

　ただし、第８章（研究５）では、多文化交流合宿後の参加者間の交流の継続が限定的であることも示唆された。なぜ、交流が継続しない場合があるのかということについては、中国人留学生と参加１回目の日本人学生の語りでは、「自身の態度が積極的でないから」「友人になった相手が TEA の交流活動に参加していなかったから」「日本人学生と交流したくても所属する中国人留学生のコミュニティを離れられないから」などの語りが見られた。つまり、多文化交流合宿後の交流が継続しない場合、参加者の積極性や努力の有無が関連していると推察しうる。

　このように、教育的介入による学びや交流の継続が実証されたが、この結果からは、モデルとなる制度的支援はどのようなものだといえるのだろうか。このことについては、先述の留学生のコンピテンス（有能さ）を発揮・向上させることに重きを置く成長促進モデル（developmental model）（植村，2007）が有効だと考えられる。成長促進モデルは、人の健康性や強い側面に焦点を当てた援助・支援の考え方に基づいたものである。つまり、前述の自己解決能力や目標のある生活への自信などの留学生のコンピテンスを重視し、補強していくことが友人形成の促進に役立つと考えられる。また、加賀美（2007b）は支援が「留学生の望まない援助」であれば留学生の自尊心を傷つけ、良好な人間関係が維持できなくなることも示唆している。さらに、留学生が

支援の対象になり続けるということはなく、逆に日本人学生の支援者にもなりうると述べている。つまり、留学生側のみが支援を受ける側に固定されることなく、日本人学生との間で相互支援的な交流活動ができるような仕掛づくりが大学キャンパスに対して求められる。こうした仕掛づくりは、学内における留学生と日本人学生の交流グループの活動や地域主催の交流会、講義や授業を通しての協働学習等により、留学生が日本人学生との友情を育むための機会（Pettigrew, 1998）が多重に設けられ、それぞれの機会を生かしていくことで達成されると考えられる。また、日本人学生が留学生との交流を通して自己理解、他者理解を深める討論や協同学習（加賀美, 2007b）を行う機会を提供する必要があると考えられる。

さらに、大学側が留学生と日本人学生の交流促進のために提供すべき支援として第一に長期的・継続的な支援が必要だと考えられる。第7章（研究4-2）、第8章（研究5）ではリピーター参加者の日本人学生が交流のコーディネートやサポートの役割を果たすことが明らかになったが、こうした学生を育成するためには、多文化交流合宿や国際交流グループの活動を途絶えさせないことが重要である。また、留学生コミュニティと日本人学生コミュニティの接点を大学内の様々な場所に設定していくことも重要だと考えられる。本研究では、多文化交流合宿後も交流が継続している場合、日本人学生も留学生もTEAの活動等の様々な制度的支援を活用していることが示された。つまり、多文化交流合宿後も大学キャンパスにおいて交流機会が保障されることにより、交流が継続されると考えられる。

しかし、第8章（研究5）では大学側が制度的支援を行っていても、学生側が積極的に支援を生かすことができなければ友人形成は促進されないという側面も垣間見えた。これは、日本人学生も留学生も勉学、研究、アルバイト、就職、その他の人間関係等、様々なことに関心を持っているため、常に多文化間の友人形成に注力できるわけではないことが背景にあると考えられる。このような学生同士の交流の不安定要素を補うために、大学側に集団レベルの交流を促進するような全学的な取り組みや、さらなる工夫が必要とされていると考えられる。

10.5　本研究の意義

　本研究の意義は第一に、留学生の友人形成への否定的認識・不満の現状を示し、こうした現状を改善するための教育的介入を行うことの意義を示したことである。特に、大学において留学生との接触が全くない日本人学生や、異文化滞在時の不安から日本人学生とうまく交流ができない留学生にとって、教育的介入により交流の場を設定し続けることが重要だと考えられる。また、異文化間交流への関心が低い留学生の存在も示されたため、こうした留学生に対して交流への関心を向けさせるための教育的介入も必要とされることが示された。

　第二に、交流の仲介役となる役割を担う日本人学生の存在を示したことである。教育的介入が行われる場面において、交流支援者から学生に一方的に与える援助として機能するのではなく、仲介者となるキーパーソンの存在により、学生同士が自発的に交流できるようになっていたことが本研究により示された。

　第三に、教育的介入の有効性を示したことである。多文化交流合宿は、留学生と日本人学生の交流を促進するような様々な企画が設けられているが、学生同士の自発的集まりなど、学生の主体性も尊重するものであった。このことから、留学生の友人形成を支援するためには、交流のための活動の場を提供するとともに、学生が自由に個別の交流体験を持つことができるようプログラムを開発することが重要であるといえる。

　第四に、友人関係に関する期待と否定的認識、原因帰属の関連を体系的に示したことである。このことから、留学生の個別の友人形成というミクロレベルの問題が、日本人学生・留学生自身という集団への原因帰属のメゾレベルの問題につながり、ひいては留学生の日本社会全体への認識というマクロレベルの問題にも関連していく可能性が示された。

　第五に、留学生が日本人学生の友人形成を活性化させるための要因として、留学生自身が積極的な姿勢で粘り強く交流に取り組むことと、大学側として制度的支援体制を整備し、留学生がコンピテンスを発揮できる環境をつくる

ことで両者が成長・発展し交流が維持されていくことの重要性を示したことである。

10.6　本研究の今後の課題

　今後の課題としては、第一に、本研究は中国人留学生を対象としたが、今後は、他のアジア地域や文化圏が大きく異なる西欧諸国出身の留学生など、多様な留学生を対象とした調査を行いたい。また、本研究の質的研究については、女子留学生と女子日本人学生を対象としたため、今後は男子留学生や男子日本人学生に対象者を拡大し、性差についても検討を行いたい。

　第二に、日本人学生側の留学生への友人関係期待と友人関係に関する体験とその関連要因について調査を行うことである。ただし、日本人学生は、留学志向や留学経験のある場合とそうでない場合、海外の文化や留学生との交流に関心がある場合とそうでない場合など様々なケースがあると推測される。留学生との交流に関心がない場合は、そもそも友人形成が生じないと考えられるため、日本人学生の属性ごとに分析を行う必要がある。

　第三に、本研究は横断的な調査が中心だったため、今後は縦断的な調査を行いたい。具体的には来日直後から帰国前まで、一定の期間に分けて友人関係の詳細を検討したい。また、教育的介入の効果についても、調査協力者をさらに増やし、交流が継続する過程と継続しない過程について縦断的に調査したい。

　第四に、友人関係に関する体験の否定的認識の原因帰属の仕方が対日態度にどのような影響を与えるのか検証していきたい。本研究により、被差別感を持つ場合に友人関係への不満の原因を日本人学生側に帰属させることが示された。こうした帰属が日本や日本人全体のイメージとどのように関連するのか調査を行いたい。

　第五に、異文化の仲立ちをする仲介者の存在については、異文化への志向や関心、資質など様々な要因が関連していると考えられるため、さらなる研究を行いたい。本研究において、多文化交流合宿の際に日本人学生と留学生は一様に友人形成に至るわけではなく、多文化交流合宿に受け身の態度で

参加していても友人形成に至る場合もあれば、集団間の交流を促進させることが自然にできるキーパーソンとなる場合もあった。こうした結果も踏まえ、リピーターの日本人学生が仲介者となった過程についてもさらなる研究が望まれる。

　第六に、本研究で実証された教育的介入の効果を応用し、今後は筆者自身によりオリジナルなプログラムを開発、運営し、そのプログラム評価を行いたい。

引用文献

阿部洋（1992）「戦前日本の対中国教育政策とその対応―第Ⅲ部 戦前日本の対中国教育政策とその対応)戦前日本の『対支文化事業』と中国人留学生―学費補給問題を中心に―」『国立教育研究所紀要』121，165-183，国立教育研究所

アラン，G.（1993）仲村祥一・細辻恵子訳『友情の社会学』世界思想社，京都

Allport, G. W.（1954）*The Nature of Prejudice. Reading.* MA: Addison-Wesley. Boston

Antler, L.（1970）Correlated of Home And Host Country Acquaintanceship Among Foreign Medical Residents in the United States. *The Journal of Social Psychology.* 80, 49-57

アーガイル，M.・ヘンダーソン，M.（1992）吉森護訳『人間関係のルールとスキル』北大路書房，京都

Ariyanto, A., Hornsey, M. J. & Gallois, C.（2009）Intergroup attribution biasin thecontex to fextreme intergroup conflict. *Asian Journal of Social Psychology.* 12(4), 293-299

浅井尚子（2020）「予備教育機関における留学生の日本イメージと日本事情教育―九分割統合絵画法の分析から―」『拓殖大学日本語教育研究』5, 129-153

足利美智也（2003）「日本人による海外留学の歴史的素描」『九州保健福祉大学研究紀要』4，41-49，九州保健福祉大学

芦沢真五（2013）「第1部 日・米・韓の大学国際化政策と学生の意識 第1章 日本の学生国際交流政策―戦略的留学生リクルートとグローバル人材育成―」横田雅弘・小林明編『大学の国際化と日本人学生の国際志向性』13-38，学文社，東京

Barker, M., Child, C., Gallois, C., Jones, E. & Callan,V.J.（1991）Difficulties of Overseas Students in Social and Academic Situations. *Australian Journal of Psychology.* 43(2), 79-84

Berry, J.W.（1997）Immigration, Acculturation, and Adaptation. *Applied Psychology.* 46(1), 5-58

Bhandari, R., & Blumenthal, P.（2011）1. Grobal Student Mobility and the Twenty First Century Silk Road: National Trends and New Directions. International students and global mobility in higher education: *National trends and new directions*, 1-24

Bigelow, J. B.（1977）Children's Friendship Expectation: A Cognitivedevelopmental Study. *Children Development.* 48, 246-253

Blieszner, R. & Adams, R. G.（1992）*Adult friendship.* New bury Park, California.

Bochner, S., McLeod, B. M. & Lin, A.（1977）Friendship patterns of overseas students: A functional model. International, *Journal of Psychology.* 12(4), 277-294

Brislin, R. W.（1981）*Cross-cultural encounters: Face-to-face interaction.*Pergamon Press, NewYork

Brown, L.（2009a）A Failure of Communication on the Cross-Cultural Campus. *Journal of Studies in International Education.* 13(4), 439-454

Brown, L.（2009b）An Ethnographic Study of the Friendship Patterns of International Students in England: an Attempt to Recreate Home through Conational Interaction. *International Journal of Educational Research.* 48(3), 184-193

Buote, V. M., Pancer, S. M., Pratt, M. W., Adams, G., Birnie-Lefcovitch, S., Polivy, J. & Wintre, M. G.（2007）The Importance of Friends Friendship and Adjustment Among 1st-Year University Students. *Journal of Adolescent Research.* 22, 665-689

Caldwell, M. A. & Peplau, L. A（1982）Sex differences in same-sexfriendship. *Sex Roles.* 8(7), 721-732

Canary, D. J. & Spitzberg, B. H.（1990）Attribution biases and associations between conflict strategies and competence outcomes. *Communication Monographs,* 57, 139-151

China education center（2019）「Number of International Students in China」 https://www.chinaeducenter.com/en/cedu/intlstudent.php（最終閲覧日—2023年5月1日）

張紀濤（1993）「歴史にみる中国人留学生」『国際人流』1993年10月号（77），22-23，入管協会

中国教育在線（2014）「2014年出国留学趨勢報告」http://www.eol.cn/html/lx/2014baogao/content.html（最終閲覧日—2015年4月1日）

中国留学網（2013）「中国教育年鑑2013」http://www.studyinchina.edu.cn/docinfo/board/boarddetail.jsp?columnId=00901&parentColumnId=009&itemSeq=4512（最終閲覧日—2015年4月1日）

Church, T. A.（1982）Sojourner Adjustment. *Psychological Bulletin.* 91(3), 540-572

Clark, M. S.（1981）Non comparability of Benefits Given and Received: A Cue to the Existence of Friendship. *Social Psychology Quarterly.* 44, 375-381

江淵一公（1997）『大学国際化の研究』玉川大学出版部，東京

Eller, A., Abrams, D. & Zimmermann, A.（2011）Two degrees of separation: Alongitudinal study of actual and perceived extende dinternational contact.

Grourocesses Intergroup Relations. 14, 175-191

苑復傑(2007)「中国の留学生政策(留学生政策の新段階)」『IDE—現代の高等教育—』2007年10月号（494）, 52-57, IDE大学協会

European Commission（2013）Erasmus programme in 2011-12: the figure sex plained, http://europa.eu/rapid/press-release_MEMO-13-647_en.htm（最終閲覧日—2015年4月1日）

Feldt, R. C., Graham, M., & Dew, D.（2011）Measuring Adjustment to College: ConstructValidity of the Student Adaptation to College Questionaire. *Measurement and Evaluation in Counseling Development.* 44(2), 92-104

Fischer, C. S. & Oliker, S. J.（1983）A Research Note on Friendship Gender and the Life Cycle. Social Forces. 62(1), 124-133

福岡欣治（1997）友人関係におけるソーシャル・サポートの入手と提供—認知レベルと実行レベルの両面からみた互恵性とその男女差について—」『対人行動学研究』15, 1-12, 対人行動学研究会

福田充・森康俊（1996）「4章 各種変数と日本人イメージの関連 4.1 対人関係と日本イメージ」見城武秀・橋元良明・堀誉子美・小川葉子・小田切由香子・土井みつる・岡野一郎・笹川洋子・佐々木由美・松田美佐・辻大介・福田充・森康俊・北田暁大「中国人留学生・韓国人留学生・日本人学生のもつ〈日本人イメージ〉比較—イメージおよびメタ・イメージにおけるギャップを中心に—」『東京大学社会情報研究所調査研究紀要』8, 265-275.

Furman, W., & Bierman, K. L.（1984）Children's conceptions of friendship: Amultimethod study of developmental changes. *Developmental Psychology.* 20(5), 925-931

Gareis. E.（2010）Intercultural Friendship: Five case studies of German students in the USA. *Journal of Intercultural Studies.* 21(1), 67-91

Gilman International Scholarship. http://www.iie.org/programs/gilman-scholarship-program（最終閲覧日—2015年4月1日）

Gullahorn, J. T. & Gullahorn, J. E.（1963）An extension of the U-curve hypothesis. *Journal of Social Issues.* 19(3), 33-47

Hall, J. A.（2011）Sex differences in friendship expectations: Ameta-analysis. *Journal of Social and Personal Relationships.* 28(6), 723-747

原裕視（2006）「Ⅴ. 介入・援助とその評価コミュニティへの介入」植村勝彦・高畠克子・箕口雅博・原裕視・久田満編『よくわかるコミュニティ心理学』94-97, ミネルヴァ書房, 京都

原芳男（1986）「『留学生10万人計画』の可能性と問題点を考える（大学の国際化と外国人留学生—アジア高等教育国際セミナーの記録—〈特集〉)」『広島大学教

育研究センター大学論集』15，143-179，広島大学教育研究センター

波多野澄雄（1994）「東南アジア開発をめぐる日・米・英関係─日本のコロンボ・プラン加入（一九五四年）を中心に─」『年報 近代日本研究─戦後外交の形成─』16，226.227，山川出版社，東京

Heider, F.（1958）*The Psychology of Interpersonal Relationship*. Wiley.New Jersey.

Hendrickson, B., Rosen, D. & Aune, R, K.（2011）An analysis of friendship networks, social connectedness, homesickness, and satisfaction levels of international students. *International Journal of Intercultural Relations*, 35, 281-295

廣岡秀一・鶴町こずえ（1999）「青年期における同性友人への期待に関する研究─性および友人アクセスビリティによる差異─」『三重大学教育学部研究紀要』50，181-190，三重大学教育学部

廣岡秀一・鶴町こずえ（2000）「同性友人への期待と現実の相互作用に関する研究─友人アクセスビリティからの検討─」『三重大学教育学部研究紀要』51，151-159，三重大学教育学部

Horenczyk, G. & Tatar, M.（1998）Friendship expectations among immigrant adolescents and their hostpeers. *Journal of Adolescence*, 21 69-82

堀田泰司（2001）「ヨーロッパのエラスムス（ERASMUS）による高等教育交流制度の実態とその特徴」『広島大学留学生センター紀要』11，31-45，広島大学留学生センター

井上勝也（1998）「第16章 留学生─歴史から現代を考える─」石附実編『比較・国際教育学』300-322，東信堂，東京

井上奈良彦（2007）「研究ノート 日本の国費留学生の異文化的適応─九州大学における複数の事例調査─」『九州コミュニケーション研究』5, 61-74，日本コミュニケーション学会九州支部

犬塚孝明（2001）『密航留学生たちの明治維新─井上馨と幕末藩士─』日本放送出版協会，東京

石鍋浩・安龍洙（2023）「COVID-19感染拡大下における交換留学生の対日観の質的検討─オンライン授業の課題─」『茨城大学全学教育機構論集．グローバル教育研究』6, 23-36

石附実（1982）「留学生の受け入れ─その制度的な推移─」『大学基準協会会報』47，1-14，大学基準協会

石附実（1986）「留学史点描─文化摩擦の視角から─」『教育学論集』12，1-12，中央大学教育学研究会

石附実（1989）『日本の対外教育』東信堂，東京

石附実（1992）『近代日本の海外留学史』中公文庫，東京

石倉健二・吉岡久美子（2004）「大学生活における心身の健康に関する調査─留

学生と日本人学生の適応とヘルパー志向性―」『長崎国際大学論叢』4，225-232，
長崎国際大学

岩男寿美子・荻原滋（1988）「日本で学ぶ留学生社会心理学的分析」勁草書房，東
京

周玉慧（1992）「在日中国系留学生に対するソーシャルサポートの送り手の分析」『広
島大学教育学部紀要』41，61-70，広島大学教育学部

周玉慧・深田博己（2002）「在日中国系留学生に対するソーシャル・サポートに関す
る研究」『社会心理学研究』17（3），150-184，日本社会心理学会

加賀美常美代（2001）「留学生と日本人学生のための異文化間交流の教育的介入の
意義―大学内及び地域社会に向けた異文化理解講座の企画と実践―」『三重大学
留学生センター紀要』3，41-53，三重大学留学生センター

加賀美常美代（2006a）「教育的介入は多文化理解態度にどのように効果があるか
―シミュレーション・ゲームと協働的活動の場合―」『異文化間教育』24，76-91，
異文化間教育学会

加賀美常美代（2006b）「大学における異文化間コミュニケーション教育と多文化
間交流」『日本研究』6，107-134，高麗大学校日本学センター

加賀美常美代（2007a）「多文化社会の葛藤解決と教育価値観」ナカニシヤ出版，
京都

加賀美常美代（2007b）「11章 大学キャンパスにおけるコミュニティ・アプローチ
による留学生支援」箕口雅博編『臨床心理地域援助特論』161-178，放送大学教
育振興会，東京

加賀美常美代（2011）「第Ⅲ部 グローバル化と私第9章 留学生交流は何をもたら
すか」小林誠・熊谷圭知・三浦徹編『文化を超えた協働グローバル文化学』161-
178，法律文化社，京都

加賀美常美代（2012）「グローバル化時代における留学生支援の課題―多様な大学
の取り組みから―」『コミュニティ心理学研究』16（1），1-2，日本コミュニティ
心理学会

加賀美常美代（2013a）「10.第11回国際教育交流シンポジウムを振り返って」冨田
裕香・岩崎未来・吉澤真由美・徳田かおり編『第11回留学生と日本人学生のた
めの国際教育交流シンポジウム報告書』53-54，お茶の水女子大学グローバル教
育センター

加賀美常美代（2013b）『アジア諸国の子ども・若者は日本をどのようにみてい
るか―韓国・台湾における歴史・文化・生活にみる日本イメージ―』明石書店，
東京

加賀美常美代・小松翠（2013）「第12章 大学コミュニティにおける多文化共生」
加賀美常美代編『多文化共生論―多様性理解のためのヒントとレッスン―』265-

289，明石書店，東京

加賀美常美代・黄美蘭・小松翠（2016）「台湾人の年代ごとの日本イメージと規定要因—国民意識と日本関連情報との接触頻度に着目して—」『異文化間教育学会』44，98-115

加賀美常美代・守谷智美・岩井朝乃（2014）「韓国における20代の日本語上級話者の日本イメージ」『人文科学研究』10，69-82．

加賀美常美代・守谷智美・岩井朝乃・朴志仙・沈貞美（2008）「韓国における小・中・高・大学生の日本イメージの形成過程—「9分割統合絵画法」による分析から—」『異文化間教育』28，60-73．異文化間教育学会

加賀美常美代・大渕憲一（2004）「日本語教育場面における日本人教師と中国および韓国人学生の葛藤の原因帰属と解決方略」『心理学研究』74（6），531-539，日本心理学会

加賀美常美代・朴エスター・岡村佳代・小松翠（2015）「韓国人の年代ごとの日本イメージとその関連要因—国民意識と日本への関心を中心に—」『日語日文学研究』94（2），95-124．

加地伸行（1990）『儒教とは何か』中公新書，東京

賀来景英・平野健一郎（2002）『21世紀の国際知的交流と日本—日米フルブライト50年を踏まえて—』中央公論新社，東京

神谷順子・中川かず子（2002）「日本人大学生の異文化接触に関する研究留学生との接触経験による意識変容について」『学園論集』111，127-147，北海学園大学

神谷順子・中川かず子（2007）「異文化接触による相互の意識変容に関する研究—留学生・日本人学生の協働的活動がもたらす双方向的効果—」『北海学園大学学園論集』134,1-17，北海学園大学

Kang, T. S.（1974）A foreign student group as an ethnic community. International review of modern sociology. *Journal of cross-national,cross-cultural and interdisciplinary research.* 36, 72-82.

葛文綺（2007）『中国人留学生・研修生の異文化適応』渓水社，広島

河路由佳（2003）「国際学友会の成立と在日タイ人留学生—1932-1945の日タイ関係とその日本における留学生教育への反映—」『一橋論叢』129（3），301-313，一橋大学

川喜田二郎（1986）『KJ法—渾沌をして語らしめる—』中央公論社，東京

見城悌治（2007）「留学生と日本人家庭の継続的交流をめぐる現状と課題」『国際教育』1，47-66，千葉大学国際教育センター

Klein, M. H., Alexander, A. A., Kwo-Hwa, T., Miller, M. H, Eng-Kung, Y., & Hung-Ming.（1971）Far Eastern Students in a Big University-Subcultures Withina Subculture. *Bulletin of the Atomic Scientists.* 27(1), 10-19

Klein, M. H., Miller, M. H., & Alxander, A. A. (1981) 16. The American Experience of the Chinese Student: On Being Normal in an Abnormal World. Arthur Kleinman and Tsung-yiedited Lin. *Normal and abnormal behavior in Chinese culture.* 311-330, Springer

小林明（2013）「第1部 日・米・韓の大学国際化政策と学生の意識─第4章米国の学生国際交流政策─」横田雅弘・小林明編『大学の国際化と日本人学生の国際志向性』95-120，学文社，東京

小島朋之（2005）「第1章 総論」『中国の政策決定システムの変化に関する研究会（財務省委嘱調査）』国際金融情報センター，http://warp.da.ndl.go.jp/info:ndljp/pid/261720/www.mof.go.jp/jouhou/kokkin/tyousa/1703china5.pdf（最終閲覧日─2015年4月1日）

近藤健（1992）『もうひとつの日米関係フルブライト教育交流の四十年』ジャパンタイムズ，東京

国際学友会（2004）「国際学友会の歩み」http://www.jasso.go.jp/tokyo/profile/documents/kokusaigakuyukainoayumi.pdf（最終閲覧日─2015年4月1日）

小松翠（2013）「国際交流グループTEAの活動は異文化間の友人形成にどのような影響を与えるか」『コミュニティ心理学研究』17（1），67-71，日本コミュニティ心理学会

小松由美（2012）「国費学部留学生の留学初期における期待と不安について」『東京外国語大学留学生日本語教育センター論集』38，89-95

黄美蘭（2013）「アルバイト先における被差別感の原因帰属と間接的接触との関連─中国人日本語学校生の場合─」『異文化間教育』37，101-115，異文化間教育学会

黄美蘭・小松翠・加賀美常美代（2014）「中国人留学生の領土問題に関する日本イメージ」『留学生教育学会第19回JAISE研究大会プログラム要旨集』，80-81，留学生教育学会

黄美蘭・小松翠・加賀美常美代（2014）「中国人留学生の領土問題に関する日本イメージ」加賀美常美代代表『平成24年度─27年度科学研究費成果報告書』73-92.

工藤和宏（2003）「友人ネットワークの機能モデル再考─在豪日本人留学生の事例研究から─」『異文化間教育』18，95-108，異文化間教育学会

李協京・田渕五十生（1997）「中国人の日本留学の百年─歴史的軌跡と現在の留学事情について─」『奈良教育大学紀要（人文・社会科学）』46（1），21-35，奈良教育大学

李洋陽（2005）「中国人留学生の日本人イメージとその形成過程─マスメディアと直接接触の影響を中心に─」『東京大学大学院情報学環紀要』68，211-244，東京大学大学院情報学環

Lysgaard, S.（1955）Adjustment in a foreign society: Norwegianful bright grantees visiting the United States. *Internatioal Social Science Bulletin*, 7, 45-51

Ma, A. S.（2014）Social networks, cultural capital and attachment to the host city: Comparing overseas Chinese students and foreign students in Taipei. *Asian Pacific Viewpoint*, 55(2), 226-241

松本直仁・前野隆司（2010）「どのような対人関係ネットワークが主観的幸福感に寄与するか？―JGSS―2003データに基づく対人関係ネットワーク構造に着目した分析―」『対人社会心理学研究』10, 155-161, 大阪大学大学院人間科学研究科対人社会心理学講座

Menzies. J. L. & Baron. R.（2014）International postgraduate student transition experiences: the importance of student societies and friends. *Innovations in Education and Teaching International*, 51(1), 84-94

御堂岡潔(1992)「12章 文化の理解 第3節　文化の理解文化集団のイメージ―マス・レベルにおける文化理解―」267-285.

三宅紹宣（2001）「幕末維新論集4 幕末の変動と諸藩」吉川弘文館，東京

宮永孝（1990）『幕末オランダ留学生の研究』評論社，東京

宮脇弘幸・姚国利（2005）「中国人の対日観に関する調査」『人文社会科学論叢』14, 17-40, 宮城学院女子大学

文部科学省（2002）「中央教育審議会大学分科会留学生部会（第1回）留学生交流関係施策の現状等について（資料編）―2.留学生交流推進政策UMAP（アジア太平洋大学交流機構）」http://www.mext.go.jp/b_menu/shingi/chukyo/chukyo4/007/gijiroku/030101/2-8.htm（最終閲覧日―2015年 4 月 1 日）

文部科学省（2011）「留学生30万人計画の進捗状況について（平成23年8月現在）」http://www.mext.go.jp/component/a_menu/education/detail/__icsFiles/afieldfile/2012/08/03/1324282_01.pdf（最終閲覧日―2015年 4 月 1 日）

文部科学省（2014a）「若者の海外留学促進のための関係省庁等連絡会議（第 2 回）議事次第―参考資料2．若者の海外留学を取り巻く現状について―」http://www.cas.go.jp/jp/seisaku/ryuugaku/dai2/sankou2.pdf（最終閲覧日―2015年 4 月 1 日）

文部科学省（2014b）「平成26年度『スーパーグローバル大学創成支援』採択構想の決定について―スーパーグローバル大学創成支援事業概要―」http://www.mext.go.jp/b_menu/houdou/26/09/_icsFiles/afieldfile/2014/09/26/1352218_01.pdf（最終閲覧日―2015年 4 月 1 日）

文部科学省（2023）「せかい×まなびのプラン」https://www.mext.go.jp/a_menu/kokusai/sekaimanabi/index.html（最終閲覧日―2023年 8 月26日）

文部省学術国際局留学生課（1983）「21世紀への留学生政策に関する提言」『学術

月報』36（7），514-516，日本学術振興会

文部省学術国際局留学生課（1993）「留学生交流の現状と施策（留学生交流と地域
　社会〈特集〉）」『文部時報』1397，44-47，文部省

守谷智美（2012）「新入留学生受け入れの現状と課題─留学生支援コミュニティ創
　出に向けた日本語教育の視点から─」『コミュニティ心理学研究』16（1），3-16，
　日本コミュニティ心理学会

茂住和世（2010）「『留学生30万人計画』の実現可能性をめぐる一考察」『東京情報
　大学研究論集』13（2），40-52，東京情報大学

永吉希久子（2008）「排外意識に対する接触と脅威認知の効果─JGSS-2003 の分析
　から─」『日本版GeneralSocialSurveys研究論文集』7，259-270，大阪商業大学

中村真・松井洋・田中裕（2011）「大学生の大学適応に関する研究Ⅱ─入学目的、
　授業理解、友人関係でみた対象者のタイプと大学不適応の関連─」『川村学園女
　子大学研究紀要』22（1），85-94，川村学園女子大学

中野はるみ（2006）「異文化教育における留学生の役割」『長崎国際大学論叢』6，
　55-64，長崎国際大学

中沢和子（1979）「イメージの誕生 0 歳からの行動観察」日本放送出版協会

南部広孝（2014）「中国にとっての留学（学生の国際交流プログラム）」『IDE─現
　代の高等教育─』558，57-60，IDE大学協会

日本学術振興会（2014a）「大学の世界展開力強化事業」http://www.jsps.go.jp/
　j-tenkairyoku/index.html（最終閲覧日─2015年 4 月 1 日）

日本学術振興会（2014b）「経済社会の発展を牽引するグローバル人材育成支援」
　http://www.jsps.go.jp/j-tenkairyoku/index.html（最終閲覧日─2015年 4 月 1 日）

日本学生支援機構（2023）「令和 5 年度外国人留学生在籍状況調査結果」https://
　www.studyinjapan.go.jp/ja/_mt/2024/04/data2023z.pdf（最終閲覧日─2024年
　4 月28日）

日本経済新聞電子版（2014）「米で『孔子学院』閉鎖広がる中国政府出資の教育機関」
　http://www.nikkei.com/article/DGXLASGM02H1B_S4A0（最終閲覧日─2015
　年 4 月 1 日）

日本経済新聞電子版（2015）「中国『孔子学院』に逆風スウェーデンでも閉鎖、運
　営・人事への介入に反発」http://www.nikkei.com/article/DGXKASGM19H4R_
　U5A210C1NNE000/（最終閲覧日─2015年 4 月 1 日）

新倉涼子（2000）「チューターと留学生の友人関係の形成と性格の特性や行動に関
　する相互認知（特集=小学校の英語教育─異文化間教育からの提言─）」『異文化
　間教育』14，99-116，異文化間教育学会

西浦真喜子・大坊郁夫（2010）「同性友人に感じる魅力が関係継続動機に及ぼす影
　響─個人にとっての重要性の観点から─」『対人社会心理学研究』10，115-123，

大阪大学大学院人間科学研究科対人社会心理学講座

丹羽郁夫（2006）「V介入・援助とその評価サポート・ネットワーキング」植村勝彦・
高畠克子・箕口雅博・原裕視・久田満編『よくわかるコミュニティ心理学』103-
104，ミネルヴァ書房，京都

Oberg,K.（1960）Cultural Shock: Adjustment to New Cultural Environments. *Practical Anthropology*. 7, 177-182

OECD（2013）INDICATORC4: Who studies abroad and where? Education at a Glance, 304-324

OECD（2018）INDICATORB6: What is the profile of internationally mobile students? Education at a Glance, 218-242

大渕憲一（1982）「欲求不満に対する原因帰属と攻撃反応」『実験社会心理学研究』
21，175-179，日本グループ・ダイナミックス学会

大渕憲一・小嶋かおり（1999）「対人葛藤における方略選択─動機的、認知的要因─」
『行動科学』38，19-28，日本行動科学学会

大渕憲一（2015）「伝統的価値観の国際比較─日本、韓国、中国、米国における儒
教的価値観─」『文化』79（1・2），1-24

岡益巴（1994）「現代化路線の下における中国の留学生派遣政策」『岡山大学経済
学会雑誌』26（2），46-74，岡山大学経済学会

岡崎ラフ和子（1992）「オーストラリア人留学生の日本文化への適応」『異文化間
教育』6，143-155，異文化間教育学会

奥村圭子（2008）「英国の留学生政策に見る国家戦略」『言葉の学び、文化の交流』
山梨大学留学生センター（4），3-14

太田浩（2013）「第1部 日・米・韓の大学国際化政策と学生の意識 第3章 日本人
学生の内向き志向再考」横田雅弘・小林明編『大学の国際化と日本人学生の国
際志向性』67-93，学文社，東京

太田浩（2014）「日本人学生の内向き志向に関する一考察─既存のデータによる国
際志向性再考─」『ウェブマガジン─留学交流─』40，1-19，http://www.jasso.
go.jp/about/documents/201407otahiroshi.pdf（最終閲覧日─2015年4月1日）

大塚豊（2008）「第7章 中国の留学生政策の変遷と留日中国人学生に対する教育の
課題（中国人学生の授業観・教師観─国内学生と留学生を対象に─）」『RIHE』
94，91-107，広島大学

Page-Gould, E., Mendoza-Denton, R. & Alegre, J. M. & Siy, J. O.（2010）
Understanding the impact of cross-group friendship on interactions with novel
outgroup members. *Journal of Personality and Social Psychology* .98(5), 775-793

Patron, M. C.（2014）Loss and Loneliness Among International Students.
Psychology Journal. 11(1), 24-43

Pavel, S.（2006）Interaction Between International and American College Students: An Exploratory Study. Mind Matters: *The Wesleyan Journal of Psychology*. 1, 39-55

Pettigrew, T. F.（1979）The Ultimate Attribution Error: Extending Allport's Cognitive Analysis of Prejudice. *Personality and Social Psychology Bulletin*. 5, 461-476

Pettigrew, F.T.（1998）Intergroup contact theory. *Annual Review of Psychology*. 49, 65-85

Pettigrew, F. T. & Tropp, R.（2006）Meta-Analytic Test of Intergroup Contact Theory. *Personality & Social Psychology*. 90(5), 751-783

Pettigrew, F. T., Wagner, U. & Christ, O.（2010）Population Ratios and Prejudice: Modelling Both Contact and Threat Effects. *Journal of Ethnic and Migration Studies*. 6, 36(4), 635-650

Rienties, B., Heliot,Y. & Jindal-Snape, D.（2013）Understanding social learningrelations of international student sinalarge classroom using social network. *Higher Education*. 66(4), 489-504

R・ブラウン（1999）橋口捷久・黒川正流編訳『偏見の社会心理学』北大路書房，京都

Ross, L. D.（1977）The intuitive psychologist and his short comings: Distortions in the attribution process. *Advances in experimental social psychology*. 10, 174-221

Sa, Creso. & Gaviria, P.（2012）Asymmetrical Regional ismin North America: The Higher Education Sectorsincenafta. *NORTEAMERICA*, 7(2),111-140

佐々木由美（1996）「3章 日・中・韓3文化の日本人観とイメージ・ギャップ 3.3 文化間でのイメージ・ギャップ」

佐藤静香・菊池奈緒子・畑山みさ子（2004）「大学への適応感における友人グループの役割」『宮城学院女子大学発達科学研究』4，27-33，宮城学院女子大学

牲川波都季・高村竜平（2012）「短期交換留学生の居場所感覚―印象に残る／継続する人的ネットワークの契機―」『秋田大学国際交流センター紀要』1，27-42，秋田大学国際交流センター

園田茂人（2001）『中国人の心理と行動』日本放送出版協会，東京

園田智子（2011）「短期交換留学生の異文化適応に関する調査報告―主観的適応感と関連要因を探る―」『留学生交流・指導研究』14，75-85，国立大学留学生指導研究協議会

柴田有喬（2009）「留学生が認知する日本人学生との対人関係形成阻害要因―留学生の書いた作文からの考察―」『言語と交流』12, 18-27，言語と交流研究会

柴田有喬（2011）「留学生の日本人学生との交流の実際と期待―対留学生の半構造

化面接から―」『言語と交流』14，11-28，言語と交流研究会

下斗米淳(1999)「対人関係の親密化過程における役割行動期待の変化に関する研究」『専修人文論集』64，1-31，専修大学学会

白土悟・坪井健・横田雅弘（2002）「フルブライト・プログラムに学ぶ―日本と米国の留学生制度の評価をめぐって―」賀来景英・平野健一郎編『21世紀の国際知的交流と日本―日米フルブライト50年を踏まえて―』287-320，中論公論新社，東京

鈴木素子・寺嵩正治・金光義弘（1998）「青年期における友人関係期待と、現実の友人関係に関する研究」『川崎医療福祉学会誌』8（1），55-64，川崎医療福祉学会

鈴木洋子（2011）『日本における外国人留学生と留学生教育』春風社，横浜

舘昭（2006）「海外の教育事情欧州COEプログラム、エラスムス・ムンドゥスの意義と展開状況―オスロ大学高等教育研究修士課程を中心に―」『留学交流』18（6），28-31，独立行政法人日本学生支援機構

Tajfel, H. & Billig, M.（1974）Familiarity and categorization in intergroup behavior. *Journal of Experimental Social Psychology*. 10, 159-170

高井次郎（1994）「日本人との交流と在日留学生の異文化適応」『異文化間教育』8，106-117，異文化間教育学会

高倉実・新家信雄・平良一彦（1995）「大学生の Quality of Life と精神的健康について―生活満足度尺度の試作―」『学校保健研究』37（5），414-422，日本学校保健学会

高良要多（2012）「グローバル時代における我が国の大学の展望―日本・米国・欧州の留学生政策の比較―」『同志社政策科学院生論集』1，43-58，同志社大学政策学部・総合政策科学研究科政策学会

武田里子（2006）「日本の留学生政策の歴史的推移―対外援助から地球市民形成へ―」『日本大学大学院総合社会情報研究科紀要』7，77-88，日本大学大学院総合社会情報研究科

田中共子（1995）「在日外国人留学生による日本人との対人関係の困難に関する原因認知」『学生相談研究』16（1），23-31，日本学生相談学会

田中共子（1998）「在日留学生の異文化適応―ソーシャル・サポート・ネットワーク研究の視点から―」『教育心理学年報』37, 143-152，日本教育心理学会

田中共子（2000）『留学生のソーシャル・ネットワークとソーシャル・スキル』ナカニシヤ出版，京都

田中共子・畠中香織・奥西有理（2011）「日本人学生が在日留学生の友人に期待する行動―異文化間ソーシャル・スキルの実践による異文化間対人関係形成への示唆―」『多文化関係学』8，35-54，多文化関係学会

田中共子・松尾馨（1994）「異文化欲求不満における反応類型と事例分析―異文化間インターメディエーターの役割への示唆―」『広島大学留学生センター紀要』4, 81-100, 広島大学留学生センター

田中詩子・岡村郁子・加賀美常美代（2015）「日本における台湾出身者の日本イメージ―日本語上級話者を対象に―」『お茶の水女子大学人文科学研究』11, 27-41.

湯玉梅（2004）「在日中国人留学生の異文化適応過程に関する研究―対人行動上の困難の観点から―」『国際文化研究紀要』10, 293-327, 横浜市立大学大学院国際文化研究科紀要委員会

譚紅艶・渡邊勉・今野裕介（2011）「在日外国人留学生の異文化適応に関する心理学的研究の展望」『目白大学心理学研究』7, 95-114, 目白大学

寺倉憲一（2009）「留学生受入れの意義―諸外国の政策の動向と我が国への示唆―」『レファレンス』59（3）, 51-72, 国立国会図書館調査及び立法考査局

Ting-Toomey, S.（1998）Intercultural conflict styles. In. Y. Y. Kim & W. B. Gudykunst（Eds.）, *Theories in Intercultural Communication*. Newbury Park, CA : Sage.

Tokuno, K.A.（1986）The early adult transition and friendships: mechanisms of support. *Adolescence*. 83, 593-606

Torbiorn, I.（1982）*Abroad Personal Adjustment and Personnel Policy in the Overseas Setting*. NewYork: John wiley & Sons. NewYork.

Trice, A. & Elliot, J.（1993）Japanese students in America:Ⅱ. College friendship patterns. *Journal of Instructional Psychology*. 20(3), 262-264

坪井健（1994）『国際化時代の日本の学生』学文社, 東京

鶴田和美（2001）『学生のための心理相談』培風館, 東京

鶴田和美（2005）「学生期の各時期に応じた学生への支援と対応」『学生相談（九州大学学生生活・修学相談室紀要)』7, 6-13

上原麻子（1988）「留学生の異文化適応」『言語習得及び異文化適応の理論的・実践的研究』3, 111-124, 広島大学教育学部日本語教育学科

上原麻子・鄭加禎・坪井健（2011）「日台中における大学生の友情観比較」『異文化間教育』34, 120-135, 異文化間教育学会

植村勝彦（2007）『コミュニティ心理学入門』ナカニシヤ出版, 京都

馬越徹（1993）「日本の留学生受け入れ政策に関する問題点」江淵一公代表『留学生受入れのシステム及びアフターケアに関する総合的比較研究』215-229, 平成3年～4年度科学研究費補助金（一般研究A）研究成果報告書（研究課題番号―03301031）

梅本信章（1988）「友人関係期待と現実の友人」『盛岡大学紀要』7, 71-80, 盛岡大学

UNESCO Institute of Statistics（2017）Data for the Sustainable Development Goals.http://data.uis.unesco.org/Index.aspx?DataSetCode=EDULITDS&popupcustomise=true&lang=enInstituteofInternationalEducation（IIE）（2014）BenjaminA.

U.S. Department of State（2019）https://eca.state.gov/fulbright/about-fulbright/funding-and-administration/fulbright-commissions（最終閲覧日―2019年11月18日）

和田実（1993）「同性友人関係―その性および性役割タイプによる差異―」『社会心理学研究』8（2），67-75，日本社会心理学会

和田実（2007）「大学生の同性友人関係―親友がいる者、親友がいないいのでほしい者、親友がいないがほしくない者の比較―」『名城大学総合研究所総合学術研究論文集』（6），169-179，名城大学総合研究所

和田実・林文俊（2008）「大学生の同性友人関係―その変化と友人との親密度との関連―」『名城大学総合研究所総合学術研究論文集』（7），89-101，名城大学総合研究所

Ward, C., Bochner, S., & Furnham, A.（2001）*The Psychology of culture shock*. Routledge Taylor & Francis Group. Oxfordshire

Wright, S. C., Aron, A., McLaughlin-Volpe, T. & Ropp, S. A.（1997）The extended contact effect: Knowledge of cross-group friendships and prejudice. *Journal of Personality and Social Psychology*. 73, 73-90

山田人士（2006）「中国・韓国・台湾からの留学生の意識変化―21世紀以降の数年を中心に―」『立命館国際地域研究』24，1-10，立命館大学国際地域研究所

山本和郎（1986）『コミュニティ心理学地域臨床の理論と実践』東京大学出版会，東京

Ying, Yu-Wen（2002）Formation of cross-cultural relationship of Taiwanese international students in the United States. *Journal of community psychology*. 30(1), 45-55

横田雅弘（1991）「留学生と日本人学生の親密化に関する研究」『異文化間教育』5，81-97，異文化間教育学会

横田雅弘（1993）「大学は留学生の受入れをどう捉えるべきか―留学生10万人時代に向けて―」『一橋論叢』109（5）663-685，一橋大学

横田雅弘（2008a）「30万人計画が実現する条件―中教審留学生特別委員会での議論を通して―」『留学交流』20（8），6-9，独立行政法人日本学生支援機構

横田雅弘（2008b）「『留学生30万人計画』実現のために何が必要か」『外交フォーラム』243，26-29，都市出版

横田雅弘（2013）「序章外国人留学生の受入れと日本人学生の国際志向性―本書の

問題意識とその背景―」横田雅弘・小林明編『大学の国際化と日本人学生の国際志向性』1-10，学文社，東京

横田雅弘・白土悟（2004）『留学生アドバイジング―学習・生活・心理をいかに支援するか―』ナカニシヤ出版，京都

横田雅弘・田中共子（1992）「在日留学生のフレンドシップ・ネットワーク―居住形態（留学生会館・寮・アパート）による比較―」『学生相談研究』13, 1-8，日本学生相談学会

吉田文（2014）「『グローバル人材の育成』と日本の大学教育―議論のローカリズムをめぐって―（〈特集〉グローバル化と教育内容）」『教育學研究』81（2），164-175，日本教育学会

楊霜・橋元良明（2010）「中国におけるメディアの多元化と日本人イメージの変化―その変化に内在する「人間本位」意識のあり方を中心に―」『東京大学大学院情報学環紀要』79, 47-62，東京大学大学院情報学環

鄭玉善（2008）「中国人留学生の来日前の対日観調査報告とその要因考察―名古屋大学在学中の中国人留学生への調査に基づいて―」『名古屋大学留学生センター紀要』6, 5-16，名古屋大学留学生センター

戦旭風（2007）「友人との付き合い方から見る中国人留学生と日本人学生の友人関係」『留学生教育』12, 95-105，留学生教育学会

あとがき

　本研究のテーマは、中国人留学生にとって異文化適応上の重要な要因である日本人学生との友人関係構築上の問題と、その問題解決のための教育的介入の効果の解明です。本研究の原点は、私自身の大学時代の留学生との交流体験にあります。大学入学後、元指導教官の加賀美常美代先生がお茶の水女子大学で設立された国際交流グループTEA に出会い、そこでの交流はその後の大学生活の中心となっていきました。

　本書でも取り上げた多文化交流合宿には参加者としても支援者としても関わり、また、TEA のメンバーとは在学中に日々お昼ご飯を共にし、学内外で交流しました。その活動において、自分らしく自由に楽しく交流ができたという実感は、生涯の財産になりました。当時の TEA のメンバー数名とは今でも交流が続いています。

　本書は筆者が執筆した博士論文をもとに改稿を行いました。本調査を開始した 2008年以降、世界情勢は大きく変化しています。国際的なテロ活動や紛争に内戦、様々な国での政治的混乱、デモ運動、新型コロナウイルス感染拡大など枚挙に暇がありません。混沌と混乱の時代において、大学における異文化間の友好的な交流は、やがて世界の平和や国際理解へとつながる人々の態度養成や意識変革の取り組みであると信じてやみません。

　目まぐるしい変化の中、留学生を取り巻く状況も調査時とは異なっています。本研究の対象者の中国人留学生について言及すると、日中間において領土問題、経済関係の拡大、安全保障問題など、様々な重要な出来事がありました。こうした変化において本研究結果は、必ずしも今の中国人留学生の価値観とは一致しない点もあるかもしれません。このことは、本研究の限界であり、今後、筆者が研究において取り組まなければならない課題でもあります。一方で、各大学により状況は異なるものの、留学生と日本人学生の交流不全、日本人学生の留学生への関心の低さなど、調査開始時期より変わらない異文化間交流の普遍的な問題は多くの大学において確かに存在し続けています。

　本著では、留学生や日本人学生が交流において困難を感じるポイントやそ

の解決のためのヒントとなるデータを多く扱っています。本著が異文化間教育に携わる教育者、支援者の皆さまや、異文化間交流に関心を寄せる日本人学生、留学生の一助となることを切に願っております。

　本論文の執筆にあたり、多くの方々からご指導、ご協力を賜りました。ここに心より感謝申し上げます。まずは、元指導教官の加賀美常美代先生に深く感謝申し上げます。加賀美先生には卒業論文・修士論文を経て博士論文に至るまでいつも励ましのお言葉と細やかな指導を賜りました。本調査にご協力いただいた日本の各大学の留学生と日本人学生の皆様、協力者をご紹介いただいた先生方並びに大学関係者の皆様に心より御礼申し上げます。

　本書の出版を快く引き受けてくださった明石書店の大江道雅氏、適切な助言をいただいた清水聰氏に心より御礼申し上げます。最後に、執筆の間、見守ってくれた家族、サポートしてくださったすべての皆様に心から感謝申し上げます。

執筆者紹介

小松　翠（こまつ・みどり）

お茶の水女子大学大学院人間文化創成科学研究科博士後期課程修了。博士（人文科学）。お茶の水女子大学、東京大学を経て、現在、東京科学大学（旧東京工業大学）リベラルアーツ研究教育院講師。専門は、異文化間教育学、異文化間心理学、日本語教育。

主な著書：『異文化間教育事典』（分担執筆、明石書店、2022年）、『多文化な職場の異文化間コミュニケーション―外国人社員と日本人同僚の葛藤・労働価値観・就労意識―』（共著、明石書店、2020年）、『多文化共生論―多様性理解のためのヒントとレッスン―』（共著、明石書店、2013年）

中国人留学生の異文化適応と友人形成
原因帰属を解明し教育的介入の有効性を考える

2024 年 11 月 10 日　　初版第 1 刷発行

著　者　　小　松　　　翠
発行者　　大　江　道　雅
発行所　　株式会社　明石書店
　　　　　〒 101-0021　東京都千代田区外神田 6-9-5
　　　　　電　話　03（5818）1171
　　　　　ＦＡＸ　03（5818）1174
　　　　　振　替　00100-7-24505
　　　　　https://www.akashi.co.jp
装　　丁　　明石書店デザイン室
印刷・製本　　モリモト印刷株式会社

（定価はカバーに表示してあります）　　　　　ISBN978-4-7503-5848-2

JCOPY〈出版者著作権管理機構　委託出版物〉
本書の無断複製は著作権法上での例外を除き禁じられています。複製される場合は、そのつど事前に、出版者著作権管理機構（電話 03-5244-5088、FAX 03-5244-5089、e-mail:info@jcopy.or.jp）の許諾を得てください。

多文化な職場の異文化間コミュニケーション
外国人社員と日本人同僚の葛藤・労働価値観・就労意識
加賀美常美代編著
◎3800円

異文化間葛藤と教育価値観
日本人教師と留学生の葛藤解決に向けた社会心理学的研究
加賀美常美代著
◎3000円

異文化間教育事典
異文化間教育学会編
◎3800円

異文化間に学ぶ「ひと」の教育
異文化間教育学会企画
小島勝、白土悟、齋藤ひろみ編
◎3000円

文化接触における場としてのダイナミズム
異文化間教育学大系1
異文化間教育学会企画
加賀美常美代、徳井厚子、松尾知明編
◎3000円

異文化間教育のとらえ直し
異文化間教育学大系2
異文化間教育学会企画
山本雅代、馬渕仁、塘利枝子編
◎3000円

異文化間教育のフロンティア
異文化間教育学大系3
異文化間教育学会企画
佐藤郡衛、横田雅弘、坪井健編
◎3000円

外国人研修生の日本語学習動機と研修環境
異文化間教育学大系4
文化接触を生かした日本語習得支援に向けて
守谷智美著
◎2600円

異文化間を移動する子どもたち
帰国生の特性とキャリア意識
岡村郁子著
◎5200円

増補 異文化接触における文化的アイデンティティのゆらぎ
外国語指導助手（ALT）のJETプログラムでの学校体験および帰国後のキャリア
浅井亜紀子著
◎4200円

異文化間教育　文化間移動と子どもの教育
佐藤郡衛著
◎2500円

異文化間教育ハンドブック
ドイツにおける理論と実践
イングリット・ゴゴリンほか編著
立花有希、佐々木優香、木下江美、クラインハーペル美穂訳
◎15000円

グローバル化のなかの異文化間教育
異文化間教育能力の考察と文脈化の試み
西山教行、大木充編著
◎2400円

戦前期日本人学校の異文化理解へのアプローチ
マニラ日本人小學校と復刻版『フィリッピン讀本』
小林茂子編著
◎6800円

「多文化共生」言説を問い直す
日系ブラジル人第二世代、支援の功罪・主体的な社会編入
山本直子著
◎4200円

日本社会の移民第二世代
エスニシティ間比較でとらえる「ニューカマー」の子どもたちの今
清水睦美、児島明、角替弘規、額賀美紗子、三浦綾希子、坪田光平著
世界人権問題叢書 103
◎5900円

〈価格は本体価格です〉

外国人生徒と共に歩む大阪の高校
学校文化の変容と卒業生のライフコース
山本晃輔・榎井縁編著
◎2600円

外国につながる若者とつくる多文化共生の未来
協働によるエンパワメントとアドボカシー
徳永智子・角田仁・海老原周子編著
◎2400円

国際移動の教育言語人類学
トランスナショナルな在米「日本人」高校生のアイデンティティ
小林聡子著
◎3600円

ことばと公共性
言語教育からことばの活動へ
牛窪隆太、福村真紀子、細川英雄編著
◎3000円

共生社会のためのことばの教育
自由・幸福・対話・市民性
稲垣みどり、細川英雄、金泰明、杉本篤史編著
◎2700円

ことばの教育と平和
争い・隔たり・不公正を乗り越えるための理論と実践
佐藤慎司、神吉宇一、奥野由紀子、三輪聖編著
◎2700円

日本語学習は本当に必要か
多様な現場の葛藤とことばの教育
村田晶子、神吉宇一編著
◎3000円

多言語化する学校と複言語教育
移民の子どものための教育支援を考える
大山万容、清田淳子、西山教行編著
◎2500円

トランスランゲージング・クラスルーム
子どもたちの複数言語を活用した学校教師の実践
オフィーリア・ガルシアほか著
佐野愛子、中島和子監訳
◎2800円

アイデンティティと言語学習
ジェンダー・エスニシティ・教育をめぐって広がる地平
ボニー・ノートン著
中山亜紀子、福永淳、米本和弘訳
◎2800円

新装版 カナダの継承語教育
多文化・多言語主義をめざして
ジム・カミンズ/マルセル・ダネシ著
中島和子、高垣俊之訳
◎2400円

言語マイノリティを支える教育【新装版】
ジム・カミンズ著　中島和子訳
◎3200円

リンガフランカとしての日本語
多言語・多文化共生のために日本語教育を再考する
青山玲二郎、明石智子、李楚成編著
梁安玉監修
◎2300円

グローバル化と言語政策
サスティナブルな共生社会・言語教育の構築に向けて
宮崎里司、杉野俊子編著
◎2500円

グローバル化と言語能力
自己と他者、そして世界をどうみるか
OECD教育研究革新センター編著　本名信行監訳
徳永優子、稲田智子、来田誠一郎、定延由紀、西村美由起、矢倉美登里訳
◎6800円

「つながる」ための言語教育
アフターコロナのことばと社会
杉野俊子監修　野沢恵美子、田中富士美編著
◎3400円

〈価格は本体価格です〉

子どもの日本語教育を問い直す
外国につながる子どもたちの学びを支えるために
佐藤郡衛、菅原雅枝、小林聡子著
◎2300円

海外で学ぶ子どもの教育
日本人学校、補習授業校の新たな挑戦
佐藤郡衛、中村雅治、植野美穂、見世千賀子、近田由紀子、岡村郁子、渋谷真樹、佐々信行著
◎2000円

JSLバンドスケール【小学校編】
子どもの日本語の発達段階を把握し、ことばの実践を考えるために　川上郁雄著
◎2000円

JSLバンドスケール【中学・高校編】
子どもの日本語の発達段階を把握し、ことばの実践を考えるために　川上郁雄著
◎2000円

日本語を学ぶ子どもたちを育む「鈴鹿モデル」
多文化共生をめざす鈴鹿市＋早稲田大学協働プロジェクト　川上郁雄編著
◎2500円

「日本語教師」という仕事
多文化と対話する「ことば」を育む　倉八順子著
◎2000円

持続可能な大学の留学生政策
アジア各地と連携した日本語教育に向けて　宮崎里司、春口淳一編著
◎2800円

創造性と批判的思考
学校で教え学ぶことの意味はなにか　OECD教育研究革新センター編著　西村美由起訳
◎5400円

知識・技能・教養を育むリベラルアーツ
公立高校社会科入試問題から読み解く社会の姿　小宮山博仁著
◎2500円

「教育輸出」を問う
日本型教育の海外展開（EDU-Port）の政治と倫理　高山敬太、興津妙子編著
◎4500円

よい教育研究とはなにか
流行と正統への批判的考察　ガート・ビースタ著　亘理陽一、神吉宇一、川村拓也、南浦涼介訳
◎2700円

「多様な教育機会」から問う
ジレンマとともにある可能性　公教育の再編と子どもの福祉①〈実践編〉　森直人、澤田稔、金子良事編著
◎3000円

「多様な教育機会」から問う
ジレンマを解きほぐすために　公教育の再編と子どもの福祉②〈研究編〉　森直人、澤田稔、金子良事編著
◎3000円

公正と包摂をめざす教育
OECD「多様性の持つ強み」プロジェクト報告書　経済協力開発機構（OECD）編著　佐藤仁、伊藤亜希子監訳
◎5400円

メイキング・シティズン
多様性を志向した市民的学習への変革　ベス・C・ルービン著　池野範男、川口広美監訳
◎2800円

学校の時数をどうするか
現場からのカリキュラム・オーバーロード論　大森直樹編著　永田守、水本王典、水野佐知子著
◎2400円

〈価格は本体価格です〉